JN284677

「そのひと言」の見つけ方

言葉を磨く50のコツ

電通　コピーライター　渡邉洋介

実務教育出版

はじめに

電通のクリエーティブでコピーライターをしているというと、ほぼ100％「言葉ってどうやったらひらめくのですか?」と訊かれます。

コピーライターに限らず、「クリエーター＝ひらめきの達人」という図式が一般的にあるようです。僕もコピーライターになる以前はそういうものだろうとなんとなく思っていました。

でも実際にコピーを書いてみて実感したのは、

言葉は「ひらめく」わけではなく、「探しにいく」

ということでした。

コピーライターの仕事はとてもアナログで地味です。

商品のことを日夜考え、関連する言葉や思いつくストーリーを紙に書き出したり、その紙を壁に貼ったり、声に出して読んでみたりしながら、通勤途中も週末の散歩の間もずっと、いま以上の言葉や表現を探している。
机に座っていたら天から珠玉の言葉が降ってくるわけなどなく、むしろ街に出て地を這って一枚の金貨を探し出すような感じです。
でも僕は、この地を這うような作業がかなり好きです。

広告業界のトップをひた走るクリエーティブ・ディレクターやコピーライター、アートディレクターのみなさんと一緒に仕事をすると、言葉の力を感じずにはいられません。その人たちのつくる作品だけでなく、喋る言葉も本当に独特で魅力的なのです。彼らの伝え方ひとつ、言葉ひとつで作品や提案内容の価値が上がる、という瞬間を間近で何度も拝見しながら、僕はひとつの結論に達しました。

仕事ができる人は、言葉ができる人。

仕事ができるということは仕事を動かせるということです。人を動かして新しいものをつくっていけるということ。その人を動かすのに必要なのが、「言葉」です。
言葉とは距離を置いていそうな、たとえばデザインを専門に考える人だって、そのデザインの説明には言葉を使う。どういう仕事をしていても、言葉ひとつでうまくいったり、うまくいかなかったりします。

つまり、言葉ができる人は言葉の力を強くする術《すべ》を知っている人。言葉の力を強くすれば伝え方が上手になり、人や仕事を動かせるようになるのです。

もちろん言葉数が多いとか達者であることが重要なのではありません。

言葉数の少ない人でも、そのひと言に発見があり、重みがあり、提案があり、実績がある場合がある。短いひと言にも人を動かす力があります。どんなときでも言葉で人と仕事は動くのです。

本書は、僕自身が日ごろのコピーライティングの仕事を通して得られた「言葉を磨くコツ」をお伝えできればと思って書きました。

みんな言葉で仕事をしている。

力のある言葉はあなたの仕事を助けてくれる。

だから言葉を大切にして、磨いて、伝える力を身につけてほしい。

この本の50項目がみなさんのお役に立てば著者として幸いです。

編集協力◉堀　香織
装幀◉窪田　新（電通）
本文デザイン／ＤＴＰ◉新田由起子、徳永裕美（ムーブ）

目次

「そのひと言」の見つけ方

言葉を磨く50のコツ

書くコツ10

選ぶコツ10

練るコツ10

粘るコツ10

語るコツ10

書く

コツ 10

01

右目で書いて、左目で読む。

右目で書いて、左目で読む。もちろん実際にそうできるわけではないのですが、そういう気持ちで僕自身はコピーを書くようにしています。

たとえばある商品のコピーを書くとき、自分だったらどう言われると買いたくなるのか、自分だったらこの商品をどう使うかなどを考えながら書く。そうやって書かれるコピーは、かなり主観が入っています。それが「右目で書く」ということ。

「左目で読む」というのは、いろんな人の立場になって、ツッコミを入れていくということです。本当にそれで商品を買うかなとか、自分の親なら買うかな、自分の友達ならどうかな、と視点を変えて客観的な目で読む作業を、何度も何度も粘り強く繰り返すのです。

右を見て、左を見て、もう一度右を見る。

文章はまさに交通安全のルールそのもの。右目＝主観で考えたことを、左目＝客観

で読む、それを高速で繰り返すというのが、よい文章にするコツです。

家族や友人や恋人の視点で言葉や文章を眺めるというのは、最初はむずかしいこと

かもしれません。僕自身、コピーライターになりたてのころは、自分の書いたものが

可愛いというか、愛着があった。だから別の人の視点で眺めてみようなんて意識はあ

りませんでした。

しかしたくさん書くためには「視点を変える」ことが重要です。自分の気持ちだけ

で書いていたら、すぐに行き詰まります。

コピーは必ず誰かが見ます。まずデザインを考えるアートディレクターが見る。次

に広告全体のクリエーティブ・ディレクションをするクリエーティブ・ディレクターが見る。さらに電通の営業の人たちが見る。そしてクライアントが見る。

コピーが向かう先にそのような大勢の関係者がいるわけで、まず彼らはどう思うのかなという視点を持たざるを得ません。その時点で、自分以外の視点でコピーを確認するクセがつきます。

ここまでできたら、あとは簡単。その感覚をさらに広げ、自分の身近な人になりきって、その人の視点で思いつくことを書いてみる。父や母の視点、兄や弟の視点、おじいさんやおばあさんの視点、学校の友達の視点、会社の同僚の視点。それでも行き詰まったら、犬や猫の視点から考えてみる、海や宇宙の視点から考えてみる。それでも行き詰まったら、えんぴつとか、コップとか、モノの視点で考えてみる。


その際に、思い浮かべた人（モノ）になりきる、というのもひとつのコツです。関西出身の同期がいるのですが、その人を思い浮かべるときは僕も関西弁で「んなことあるかい!?」みたいなツッコミを入れる。ばかばかしいと思うかもしれないけれど、このなりきりが視点の切り替えに役立つのです。

言葉や文章と物理的に距離をとる方法もお勧めです。

僕はA4用紙1枚に1コピーと決めて、太めのマジックペンで書いています。考えた言葉を紙に落とすと、そこでいったん冷静になります。

次にその紙を遠くに置いてみる。離れた机に置いてもいいし、壁に貼ってもいい。物理的に遠い場所に置いてみる。すると不思議なことに自分が書いた言葉という感覚が薄れていき、このコピーが本当によいかどうかを客観的に判断できるのです。

隣の人に自分の書いたコピーを見てもらうという手もあります。自分で客観的な視点が持ちづらいなら、自分以外の人に忌憚《きたん》のない意見や感想をどんどん言ってもらえばいい。

もちろん最初はものすごく恥ずかしいです。僕も最初のころはコピーを書くと自分のすべてをさらけ出しているような気がして、とても恥ずかしかった。笑われたり、わからないと言われたり、「こんなこと考えてるんだ」と思われたりするかと思うと、変な汗が出た。

でも結局よいものをつくるためには、そういう「恥ずかしいこと」も超える必要がある。そういう過程を経ずに、つまらないものをつくってしまうほうが、よほど「恥ずかしいこと」ですから。いまでは、できるだけたくさんの人に自分のコピーを見てもらうということを、修行のように自らに課しています。

02

思いついたことをぜんぶ書き出す。

ブログを書かれている方は、「書きはじめにぼんやりと考えていたことと完成された文章が、まったく違う展開や結末になって驚いた」という経験をしたことがありませんか。もしくは企画書を書き出したら、新しいアイデアが生まれて、そっちがメインになったという経験は？

人は言葉に出したり文字で書いたりすることを通して、つまり言語化して初めて、「自分ってこんなことを考えていたんだ」「自分のなかにこんなユニークなアイデアがあったんだ」という発見をする生き物なのかもしれません。

コピーも同じで、頭のなかだけで考えている限り、何も生まれてきません。だから、とにかく思いつくままに書き出す必要があります。

新発売のチョコレートのコピーの依頼があったとしましょう。

僕の場合はA3の紙を用意して、思いついた言葉をぜんぶ書き出していきます。もちろん商品の味や形だけ注視していても、言葉数は増えません。コツは自分とチョコレートとの関係を探ること。

たとえば、自分はチョコレートを好んで食べるかな？ と考える。最近は食べていないなと思う。

ではなぜ最近食べなくなってしまったのか？ と考えを進める。続いてチョコレートを日常的に食べる人は周りにいるかな、と考える。

チョコレートと言えばバレンタインだけど、学生のときに厭な思いをしたな、なんてことも思いだす。バレンタインってそういえば人の名前だっけ？ と調べてみる。義理チョコや友チョコ、逆チョコ、自分チョコといった言葉からさらに思い浮かぶ言葉やストーリーなんかも書いてみる……。

それがスタートです。言葉のロジックや筋書き、関連性はまったく気にせずに、とにかく思いつく言葉を片っ端からたくさん書くのです。Ａ３が言葉で埋まったころには、それぞれの言葉の関係性もぼんやりと浮かび上がってくるはずです。

この「思いついたことをぜんぶ書き出す」というのは、モノの価値を浮き彫りにし、伝えるべき内容を明らかにすることにおいてとても有効です。書けば書くほど本質に向かえる、見えてくる感じが実感されることと思います。

大事なのはぜんぶ書き出すことなので、Ａ３の紙にこだわる必要はありません。周りのコピーライターのなかには、ノートに万年筆で書く人もいますし、パソコンで書いてプリントアウトする人もいます。僕も最終的には手書きのものをパソコンで打って活字にして眺めますが、最初からすべてパソコンでタイプアップする人もいます。自分に合う方法があるので、いろいろ試して見つけてください。

もうひとつ重要なことがあります。

世の中に「セールスお断り」というシールがわざわざ存在するくらい、広告というのは基本的に拒絶されがちなものです。だから、商品のスペックの話をいくらされても、誰も見向きもしません。

チョコレートメーカーの営業の方であれば、カカオが何%で、これまでにないめずらしい形をしていて、なかには砕いたクッキーが入っていて……、という商品スペックを伝えたい（もちろんそれはとてもとても大事なことです）。

でも、コピーを書くという仕事は、そのつくり上げた価値をまったく関係のない人たちにとっても価値あるものに思わせること。商品の価値と消費者をつなげる役目、価値の翻訳がコピーライターには求められているのです。

その際に、落語で言うなればまくらのような、「これからどういう噺《はなし》が始まるの？」と思わせるプロローグ的な仕掛けも必要です。

これは企画書でもブログでも店のＨＰ制作でも同じこと。スペックに注目してもらうためにどう話を始めるのか、思いついた言葉をぜんぶ書き出すときには、その視点もお忘れなく。

03

100個書いて1個だけ選ぶ。を繰り返す。

「とりあえず、100個書いてから考えたら？」

コピーライターになりたての僕が先輩に言われたひと言です。

「まずは量だ」

こちらは入社当時の研修で言われた言葉です。


どうやら先輩たちは経験的に「書く量と仕上がりの質は密接に関係している」ということを実感しているようです。1回の打ち合わせで100個のコピーを持っていくのは当然という雰囲気でした。

YESと言い続けてたら、警察がきた。(ECC外語学院)

外国語を学ぶための動機づけとなるコピーを「海外の旅行先で外国語がまったくわからない人」の視点で書いてみました。このコピーにたどり着くまで100個以上のコピーを書いています。

コピーライターの中村禎さんはこう言っています。
「コピーはピラミッドみたいなもの。底辺の面積が広ければ、その分高さも上がって、上に行ける。大きなピラミッドをつくるには、巨大な底辺が必要なんだ」

質を上げるには量が重要です。考えた量が、やがてアイデアの質に転化する。これは広告コピーだけの話ではありません。あらゆるビジネスシーンで使えることだと思うのです。

たとえば企画書の冒頭文。1個だけ書くより、試しに10個書いてみてから選んだほ

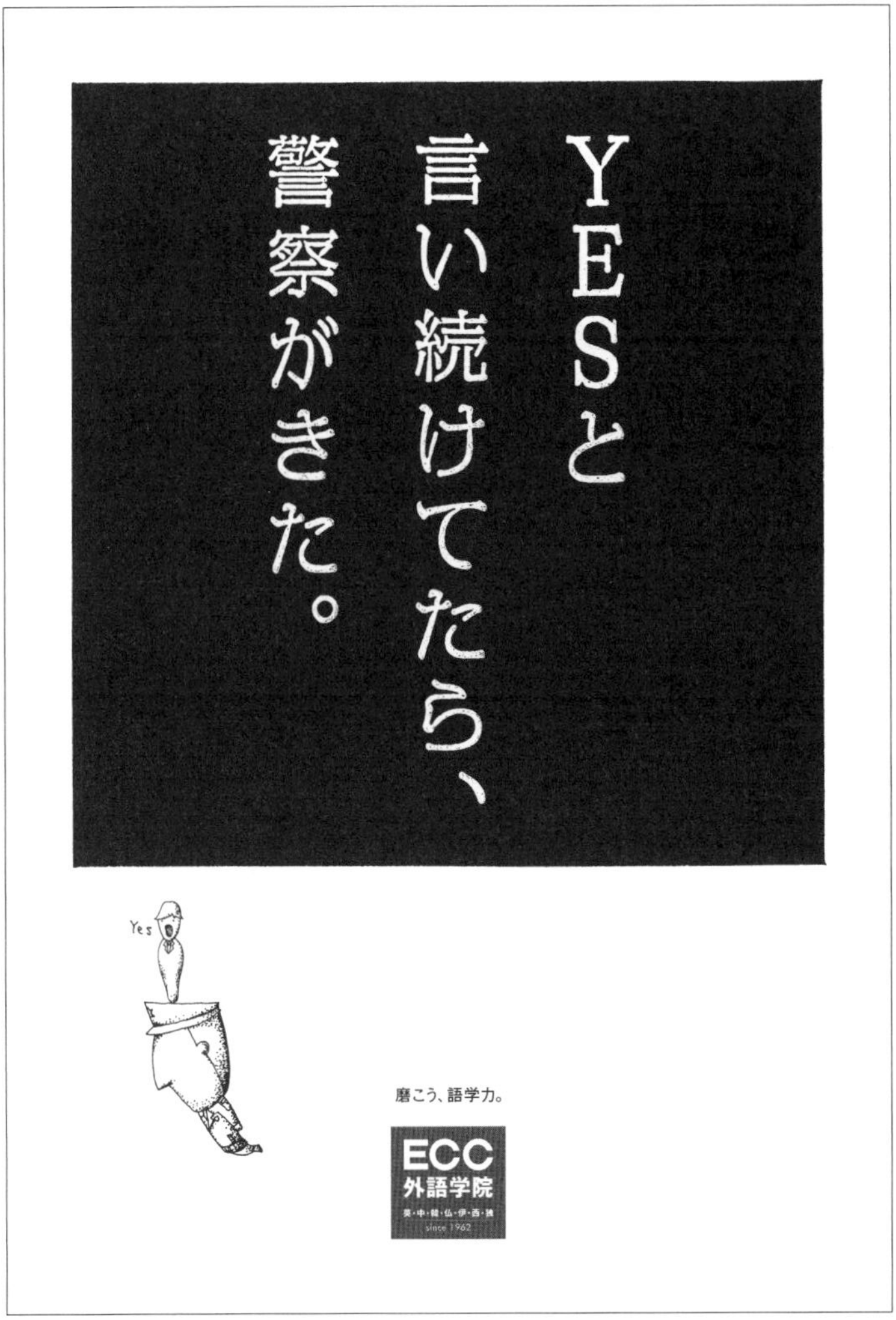
YESと言い続けてたら、警察がきた。
Yes
磨こう、語学力。
ECC
外語学院
英・中・韓・仏・伊・西・独
since 1962

（ECC外語学院／ CW：渡邉洋介／ 2011年）

うが、必ずよい内容になります。もちろん、10個書いてみて、最初に思いついた1個目がやっぱりよかった、ということもあります。そのときは、それだけ考えて選んだのだ、という自信がつく。ムダなことはひとつもないのです。

実は、100個書くよりむずかしいのが、この1個だけ選ぶということ。世の中に出ていくコピーはたったひとつ。そのひとつを選ぶというのはかなり高度な技術です。しかしそれも何度か繰り返すうちに、必ず選べる目を養うことができます。

1個を選んだときに重要なのは、なぜこれを選んだのかという論理的な説明です。さきほどのECCのコピーであれば、「英語を勉強しましょう」という言葉では人は動かない。でも「英語で笑える人になりませんか？」というテーマであれば、ECCを身近に感じさせるフックになるだろうし、外国語を学ぶというモチベーションが上がるのではないかと思います。

ただし「英語で笑おう」と書いても伝わりません。そうではなく、笑いをコピーに転化しなければいけない。英語を使うとき、相手の質問の意図をよく理解しないまま、なんとなく流れで「ＹＥＳ」と言ってしまうことは、外国のイミグレーションやホテルのフロントなどで多くの人が経験することです。「ＹＥＳと言い続けてたら、警察がきた。」という表現からは、その「あるある！」的な共感が、笑いとともにもたらされるわけです。

……というようにロジカルに説明できれば、クライアントもこのコピーに納得してくれるでしょう。

コピーのよさがストレートに伝わること、そのよさがロジカルに説明できること。このふたつが広告コピーを選ぶうえでひとつの基準になると思います。

04

切り口と表現のかけ算をする。

コピーライターになりたてのころの話です。

ある企業の新聞広告をつくるという仕事依頼がありました。「新しいサービスが始まりました」というような内容です。僕は張り切って、A4用紙に200枚ほどコピーを書き、意気揚々とクリエーティブ・ディレクターのところに持参しました。

見終わったクリエーティブ・ディレクターは顔を上げてこう言いました。

「渡邉。これはいっぱいあるけど、切り口は3つくらいしかない」

洗礼と言ってもいい、忘れられない体験です。

02で書いた「思いついたことをぜんぶ書き出す」というのは、最初のステップとしては大事です。

しかし次に大事なのは、鋭い切り口を思いついているかどうかです。

「このサービスは便利です」「いままでなかったサービスです」「役に立つと思いませんか？」など、ひとつの視点で100個書いても200個書いても意味はない。たとえば、家族にそのサービスを使ってみたいと思わせるにはどう言うか、友だちの場合はどうか、会社の同僚ならどうか、そういうさまざまな切り口で考えるべきなのです。

頭のなかにりんごをひとつ思い浮かべてください。そのりんごをナイフでスパッと切ってみる。縦に切るか、横に切るかでその切り口の見え方はまったく異なってきます。切り口とは、ものごとのどの面を人に見せると魅力的に見えるか？　ということです。縦でも横でもなく、斜めに切ってみるとまた別の切り口が生まれます。どう切ると一番おいしそうに見えるでしょう？

これは、コピーライティングにも当てはまります。ひとつのものごとを、いろいろな角度からじろじろ眺めてみる。どういう角度から切るのがいいか、考えてみる。一番チャーミングに見える角度を探し当てる。これらは、訓練すれば誰でもできるようになります。

たとえば前述のＥＣＣ外語学院のコピー。外国語を学ぶための動機づけとなる切り口はさまざまです。海外留学をするため、仕事のキャリアアップのため、友だちをつくるため……。学ぶための動機づけとして、一番グッとくる切り口はどれか？　それを書き出していくのです。

最終的には世の中に出るコピーはたったひとつです。つまり、一番いい切り口がひとつあるだけ。でも、その切り口がいいかどうかを判断するのに、切り口はあればあるだけよいのです。

まず一定量を書き出したら、いったんそれを切り口別に分類してみましょう。切り口は最低でも10個を目標に。

次にその10個に対して、表現違いで3個コピーを書いてみましょう。足りなければ書き足します。するとあら不思議、これでコピーが30個も完成しました！

3つの切り口でひとつにつき100個書いて300個のコピーを提出するより、10個の切り口でひとつにつき3個書いて30個提出する。

それでアイデアの幅が広がりますし、むしろそのほうが確実に伝わるのです。

ひとつの切り口につき、何個も表現が見つかるのだろうか？　と疑問に思う方もいるでしょう。心配いりません。表現の見つけ方にもコツがあります。

たとえば、英語ができると得をするタイミング、という切り口で書くとします。「英語ができるとトクするのは、中学より高校より大学より、社会人のときです。」と言えるかもしれない。あるいは経済的な損失で表すと「円高のチャンスを、私はうまく利用できていないと思う。」という表現が思い浮かぶ。もうひとつ、英会話での失敗をオーバーに表現すると、「YESと言い続けてたら、警察がきた。」が出てくる。

このように、比較したり、何かに喩《たと》えたり、ものごとを誇張してみるだけでも、表現がずいぶんたくさん見つかるものです。

切り口と表現のかけ算で、言葉の幅は飛躍的に広がります。たくさん書けないと悩んでいる方は、ぜひ試してみてください。

05

手書きで考えながら書く。

パソコンでいきなり書きはじめるというスタイルがわりと定着しています。僕自身もパソコンを開いて「さあ何を書こうか、どう書こうか」と考えることもあるけれど、いい言葉はなかなか浮かばない。でもノートを開いて手で書いてみると、アイデアが出てくる。だから僕は手書きをお勧めします。

これは僕だけの意見ではなく、先輩や同僚のコピーライター含めみんなが言うことです。

ではなぜ手書きで考えるとアイデアが浮かぶのか。

たぶん、脳の動きと手は連動している、または手で文字を書くことが脳を刺激するのではないかと僕は思っています。


手書きだとどこからでも書けます。A3の紙のど真ん中にひと言目を書き、その周辺にまた書きつづっていける。そうすると発想がふくらむのです。

パソコンだと基本的にフォーマットが決められていて上から順にしか書けない。もちろんコピー&ペーストで順番は入れ替えられますが、書き出しは左上からが鉄則。いきなり斜めには書きづらい。この差も実は大きいのかもしれません。


200枚の手書きのコピーをクリエーティブ・ディレクターに見せて、「たくさんあるけど切り口は3つくらいしかない」と言われた話を書きましたが、その際に唯一褒められたのが手書きで書いたことでした。

「パソコンでコピーを書くと、深く考えないままぽろっと出たものをそのまま持ってくる人が多い。でも手書きにすると、語尾や文字の大きさ、字配りを検証できるからいいんだ」と言われ、いまでも手書きを実践しています。

僕は学生時代、ウェアラブル・コンピュータ（身につけて持ち歩くことができるコンピュータ。腕時計型やメガネ型の小さくて軽いコンピュータなど）の研究をしていました。

プログラムは自分で書くのですが、プログラムの頭からいきなり書き出すということはしません。必ず設計図を描く。

こういう入力をしたい、最後はこういう出力をしたい、そのためにはこのステップとこのステップとこのステップがこのような仕組みになっていないといけない、という設計図をまず描いてから、1行目を書くのです。

キャッチコピーの構造はコンピュータープログラムのように0か1かの正解不正解があるわけではないですが、実は結構似ているのではないかと僕は思います。

最初にどういう気持ちになってもらいたいか、この商品がどう見えたら勝ちなのかは、設計図を描かないとわからない。その設計図をイメージするには、パソコンの限られた画面上ではむずかしい気がします。

また手書きだと、俯瞰《ふかん》で見えるということもあるかもしれません。パソコン上で俯瞰で見るのはなかなかむずかしいという実感があります。

まとめると、手書きの効用はアイデアが生まれやすいこと。どこからでも始めやすいこと。上から俯瞰で見られること。

思いもしなかったアイデアは突然やってきます。手で紙に書いているときはもちろん、電車に乗っているとき、カフェでぼーっとしているとき、昼寝から目覚めたとき、シャワーを浴びているとき……。本当にさまざまな場面で、その瞬間は訪れます。言い換えれば、

「自分の思考は、自分ではコントロールできない」。

突然やってくる発想をコントロールすることはできませんが、よい発想を生みやすい環境をつくることはできます。いかにして生まれてきた発想の種をキャッチして育てるか、自分に合った方法を発見することが大切です。

06

書くのではなく「見つける」。

「はじめに」でも触れましたが、電通のコピーライターですと自己紹介すると、「コピーライターってどうやって言葉を思いつくのですか?」「どういうふうにアイデアって湧いてくるのですか?」などと訊かれます。

でも僕は、アイデアというのは自分から湧き出るとかすぐにぽんぽん出てくるものではなくて、どちらかというと「見つける」という感覚に近いなと思っています。

商品の価値を自分自身が開発するのではなく、この価値は何なのだろう? ということをいろいろな角度から見つけにいく、発見するのが、コピーライターの仕事なのです。

切り口の話と少し近いのですが、よい切り口を見つけると、自動的によいコピーが生まれます。「何かよい表現を書こう」というのではなく、「何かよいものが見つけられないかな。何かよい事実を発見できないかな」という感じです。

そういう、自分にしか見つけられないかもしれない「宝探し」的な意識が、読んでもらえる文章のコツなのではないかと思います。

コピーライターの仕事をひと言で言えば、

「みんなが思っていることを、みんなとは違う言葉で書く人」

です。

みんなが思っていないことを書いたら、誰にもわかってもらえない。

でも、みんなが思っていることを、みんなとは違う言葉で書けたら、「あ、こういうふうに言ってほしかった！」となる。それを書ける人がコピーライター。

その「みんなが思っていること」を、自分が創作して書くのではなく、事実として見つける。どんな切り口がいいか見つけるということです。

見つけたらその先がコピーライターの仕事で、どう表現するのかを考える。みんなが使わない言葉、手垢《てあか》のついていない表現で、ちょっと新鮮な文章を考えるのです。

それが「人に届きやすい言葉」なのかなと僕は思います。前述の「切り口と表現のかけ算」に照らし合わせてみると、

みんなが思っていること（切り口）

×

みんなとは違う言葉で書く（表現）

＝

人に届きやすい言葉（コピー）

ということですね。

では、「見つける」には具体的にどういう訓練をすればよいでしょうか。

僕は、何か気になったらその理由を考えることにしています。それは、「みんなは

どう思っているのか?」を考えるきっかけになるからです。

たとえばニュースを聞いたり雑誌を読んだりして、「どうしてこれがいま流行っているのだろう?」と考える。映画やテレビドラマを見ても、「なぜ僕はこれがおもしろいと思ったのだろう? みんなはどう思っているのだろう?」と言葉で説明できる理由を考える。お店でめずらしいものを手にとれば、「なぜこの商品が生まれたのだろう?」と想像をめぐらす。そうやって理由を探すと、「みんなが思っていること」に対して想像力が働くようになり、切り口の引き出しが増えていくはずです。

僕の場合、そういうトレーニングを普段から心がけていたら、いつかそれは習慣となり、何をしていても自然と理由を考えるようになりました。

そういえばマザー・テレサの言葉にも

「行動に気をつけなさい、それはいつか習慣になるから」

という言葉がありますね。

見つけられるまでのプロセスは実にしんどいです。吐きたくなるくらいしんどい。でもそれは、必ず、見つかります。見つけたら、人に届く言葉まで、あとちょっとです。

07

400字書いたら半分に削る。

コピーには短く印象的なキャッチコピーと、それを受けてストーリーや商品の特徴、価値を語るボディコピーがあります。このボディコピー、たとえば400字という原稿用紙1枚に書いてみて、ばっさり半分に削ると、かなり発見があります。

以下は僕が実際に社内の研修で教えてもらった、コピーライターの鈴木康之さんによるトレーニングです。

◉条件１： 次の20字×８行の文章を、
20字×３行に縮める。

◉条件２： １日おいての書き直しを
少なくとも３回は重ねる。

原文

エビス顔なのでみんなから愛称、フクチャン
と呼ばれている雑誌編集者の福島信男さんは、
かねてから断ちたい断ちたいと思っていたタ
バコを昨年の夏ごろからやめることに成功で
きたので、嬉しそうである。しかしまだ半年
である。しかも、なにしろまわりには愛煙家
が多い。変わらずエビス顔ながら、ときおり
明らかに誘惑と闘っている風の表情を見せる。

条件は「少なくとも3回」でしたが、僕はやれるだけやろうと思って、19日間続け、19個書きました。以下がその変遷です。

第1稿

タバコをやめることに成功したフクチャンこと、福島信男さんは、ときおりまた、タバコを吸いたいという誘惑と闘っているようだ。

周りに愛煙家が多いことや雑誌編集者であるといった周辺情報を削り、フクチャンの置かれた状況をシンプルに説明しています。でももう少しフクチャンの心情を描いたほうが喫煙の誘惑と闘っている状況を説明できるかもしれません。

第2稿

ああ、困った。と、福島氏は思った。半年前から禁煙しているのに、周りの人たちが吸い始めるので、吸いたい誘惑に駆られるのだ。

第1稿よりさらにフクチャンの心情に寄っています。でもこれだとフクチャンが実際にどういう人なのかはまったくわからなくなってしまいました。もっとフクチャンについて書いたほうがよさそうです。

第3稿

フクチャンと呼ばれるほど立派なエビス顔の福島氏。しかし、その表情が曇るときもある。禁煙中のタバコを目の前で吸われるときだ。

エビス顔という説明が加わりました。ただ雑誌編集者であることやいつからタバコを止めているのかといった情報は省かれたままです。

書き直しをゴリゴリと続けると、10日目の第10稿ではだいぶ情報が整理されてきました。

第10稿

エビス顔の福島さんは念願叶って半年ほど禁煙中。でもまだ半年で、雑誌編集の仕事には愛煙家も多い。喫煙の誘惑で彼の表情が曇る。

……さて、これを19日間続けた結果、19個目は次のとおりになりました。

最終稿

念願の禁煙おめでとう、フクチャン。でもまだ半年。雑誌編集の現場は愛煙家も多い。エビス顔の奥でうずく葛藤を僕は見逃さないよ。

ついには書き手である「僕」が登場しました。

しかし、鈴木さんに見せると「こんなこと書く人は失格だ。話にならない」と、厳しいダメ出しをされました。特にダメなのは最終稿。理由は「書き手が出すぎているから」です。

鈴木さん曰く、

「コピーというのはおとりつぎ。クライアントの商品のなかにある本質を消費者におとりつぐ、そのフィルターとしての役割がコピーライターなわけで、そのフィルターに書き手の気持ちみたいなものが入っていくのはよくない」。

コピーライターの神髄のような話です。

さきほどの文章を、鈴木さんはこのようにまとめました。

雑誌編集者の福島信男《フクチャン》さんは昨夏に、念願の断煙に成功した。仕事柄、誘惑が多い。生来のエビス顔がときおり口眞一文字の顔になる。

原文から読み取れる、ちょっとぽっちゃりした体型のフクチャン。いま、フクチャンはどういう心境なのか？　職業柄、いろいろな人に神経を使う毎日。「禁煙」という言葉で「断ちたい断ちたい」という気持ちを本当に表現できるのだろうか？　もう少し強い言葉があるはずだ。そこで、「禁煙」ではなく「断煙」という言葉をチョイス。福島信男さんに「フクチャン」とルビを振れば、文章の量はそのままで、さらに伝えたい情報を加えることができる。……まさに職人技としか言いようがありません。

厳しい叱責の一方で、19個書いた行為に対しては「クリエーティブという視点から言えば、原文をただ縮めるのではなくて、読んでもらう、おもしろいなと思ってもらう文章を目指したことだけは評価に値する」と少しだけお褒めの言葉をいただきました。

つまり、この塩梅《あんばい》こそが、広告のバランスなのでしょう。

企画書をつくるときも、「言いたいことをまず半分にしたら何が残るのか」というのを自らに課すと、意外にシンプルで強いメッセージになると思います。

８００字を４００字に、１００字を50字に、つまりばっさりと半分にするというのが肝です。ぜひやってみてください。

08

読後感から逆算する。

読後感というと普通は小説などを思い浮かべるかもしれませんが、コピーにも読後感が必須です。

コピーを読んだ人が実際に商品を食べたくなるのか、使いたくなるのか、お店へと足を運びたくなるのか、他の人に言いたくなるのか、いろいろな読後感があります。

そのために感動させるべきか、泣かせるべきか、笑わせるべきか、一発印象に残させるべきか、おのおのの商品や企業によってそれはまたぜんぜん違ってくるので、広告制作者としては緻密に計算しないといけません。

たとえば「お葬式のサービスで笑わせる」というのは、むずかしいうえにそれが読みたいかというとそうでもない。極端な例かもしれないですが、サービスや伝えるものというのは正しい読後感が必要なのです。

日比谷花壇のお葬式のサービスでこのようなコピーを書いたことがあります。

人がさいごに抱かれるのは、花です。（日比谷花壇）

「日比谷花壇の花はたいへん品質がよく、見栄えも美しい。そんな花を使って、人生のエンディングを彩る家族葬のサービスを提供している」というのが、日比谷花壇が広告で伝えたいことでした。

お葬式の広告で、読後感として「花」が残るのはとてもいいのではないでしょうか。自分だったらどういうお葬式にしたいか、どういう花に囲まれたいか、考えるきっかけにもなる。お葬式や死というものに対してちょっと共感してもらえる、将来を考えてもらえるコピーになったと思います。

読後感というのは、そんなにひとつに集約はできないものです。とはいえ、7〜8割の人が共通で持ってくれる読後感というのは見つかる気がする。

そこまでは思いついたことは全部書き、分類することで切り口をはっきりさせ、そのなかで一番よい言葉を、広告の伝えたいことと照らし合わせて選び抜くしかありません。そしてゴールさえ間違っていなければ、道筋の途中で的確な読後感は見つかるものだと思うのです。

もちろん、小説やビジネス書や雑誌などを読んで、その読後感を参考にすることもあります。

僕は週刊誌『ＡＥＲＡ』（朝日新聞出版刊）の「表紙の人」インタビューが好きでよく読みます。

だいたい８００字程度でまとめられているのですが、読み応えがあって、その人のことがすごくよくわかる。そして読み終わると、興味を持ったり好意を持ったりする。

広告で大事なのは、取り上げたモノをどう好きになってもらうかなので、たいへん参考になります。

09

オフィスビルから出て居酒屋で考えてみる。

よくお風呂に入っているときにパッと思いつくという話がありますが、それと一緒で、書く場所を変えるだけで、違う角度から新しい視点が出てくるというのが僕の実感としてあります。

パソコンの前に何時間もいるよりは、オフィスから出て、30分でも1時間でも場所を変える。それが実は効率がよいのです。

ビジネスマンにとってお酒を飲みながら企画書を書いてみるというのはハードルが

高いかもしれません。ただ気分的にはそれくらいの気分でリラックスして考えてみる。ビジネスとはまったく違う場面でビジネスのことを考えてみてほしいのです。

ビルから出てカフェや喫茶店に行くのはいまでは普通のことですが、居酒屋というのがポイントです。

ひとりで行くのもアリですが、複数で行くとさらにいいと思います。「最近こんな仕事が来て、こんなことを考えているんだけど、どう思う?」と尋ねるだけで、もうひとりの発想も得られるなんて居酒屋ならでは。

喫茶店やカフェだと少しかしこまってしまうので、お酒のある場所で飲みながら仕事の話をするというのは、正直な意見とか発想が出やすい気がします。(でも飲んだ席だと忘れてしまうこともありがちなので、メモも必ずとっておきましょう!)

コピーライターになってすぐ、先輩に「お前、仕事がないならこんなところにいないで、映画館でも本屋でもどこでも行ってこいよ」と言われたことがありました。デスクでぼーっと座っているくらいなら、外に出て刺激的なものをつかんでくるほうがいい。それは「新人は新人らしく自分のデスクで仕事を待つべき」と思い込んでいた僕にとって、驚きのアドバイスでした。

確かにクリエーティブ領域の仕事では、最終的に評価されるのは、自分が何をつくったかです。

その最終的な成果物がよくなるのであれば、オフィスにいてもいなくても関係ないかなといまでは思っています。


僕は煮詰まると会社を出て外を歩きます。街中で考えているとオフィスよりもやわらかい発想が出てきます。ザワザワした雰囲気が刺激となったり、逆に集中できたりというよい効果があるのでしょう。


よく行く喫茶店でコーヒーを飲みながら、ある自動車メーカーのCMで、UVカットガラスを訴求《そきゅう》するためにどんな方法があるかなと考えていたことがあります。

街を闊歩《かっぽ》する人々をぼんやりと眺めていたのですが、ふと「そういえば紫外線って目に見えないものなんだな」と思いました。

「紫外線が街で見えたとしたらどんな感じかな。……じゃあ紫外線を人に置き換えて、街ゆく人の肌にいたずらしていることにしたら、UVカットガラスのありがたみが伝わるんじゃないかな」。

それはパソコン画面のまえでは思い浮かばなかった発想でした。

会社をふらっと出ることができない場合も多いかもしれないですが、飲みにいったときや家に帰ったときに、その仕事の話題を少しだけ持ち出してみることはできます。それだけでもずいぶん視点が変わり、やわらかい発想が出てくるものです。今日からでもぜひトライしてみてください。

10

直前まで何度も書きなおす。

「直前」というのは、僕の場合だとプレゼン（クライアントへ企画を提示することを、広告の世界ではプレゼンテーション、略してプレゼンと呼びます）の直前ですし、原稿を入稿する直前でもあります。

プレゼン資料はだいたい前日の夜までに整えます。ですからコピーの締切はその資料に間に合わせるために、前日の朝とか前々日の夜となります。

ところが、言葉は時間があればあるほど考えられるもの。最終的にプレゼンでよいか悪いかを判断されるわけだから、プレゼン開始の3分前まで考えてもいいものだと思うのです。

これはいろんな人がすでに経験済みだと思いますが、直前になればなるほど火事場の馬鹿力のような「締切効果」が働いて、仕事はブラッシュアップされていきます。僕は新商品のネーミングのプレゼン中に出てきたアイデアを、その場で紙にマジックで書いて出したこともあります。「終わった終わった、これでオッケー」ではなく、それくらい自由に直前まで粘るというのは大事なこと。よいものが生まれやすくなる環境を自らつくり出しましょう。

もちろん、直前まで考えることが大事であって、アウトプットが一周回って、元のものに戻っても構いません。その場合は、それだけ検証したということが自信にもなりますし、元のものがやはりよいアイデアなのだという確信にもつながります。

結局、考えた量、考えた時間が、仕事やアイデアや企画のクオリティを担保するのだと思います。最後まで粘るというのはやろうと思えば誰でもできる。ひょっとすると、粘れる人こそが世界を動かすのかもしれない。だからぜひ「直前」を意識して、考え続けてください。

選ぶ

コツ
10

11

書く時間と同じくらい、選ぶ時間をとる。

書く量は、訓練すれば誰でもたくさん書けるようになります。訓練さえ積めばたくさん書けるように、必ず、なる。

でも選ぶという行為、ピラミッドの底辺のなかからひとつだけ選ぶという行為は、その人のセンスと時代の空気などいろんなものがまざりあってひとつ選ぶことになるので、ものすごくむずかしいです。

ひとつだけお勧めできる方法は、書く時間と同じだけ選ぶ時間をとること。

「このなかで言えばこれかな」と安易な選び方はしない。5秒で決めない。そういうことは極力避けて、とにかく選んでみる時間も書いた時間と同じくらいとるのがコツです。

ひらめきで選んではいけないわけではないのです。ただ、ひらめきにも理由がある。「なんとなく」のなかに理由がある。選ぶという行為はなんとなくの行為を言語化する、要するに「理由のないものに理由をつける」ということなのかもしれません。「とにかくこれなんです！」では人を説得できません。

これはどんな仕事の場面でも言えることだと思います。誰かに仕事を依頼したとする。その仕事の内容が、こちらの期待どおりではなかった。そうすると、修正を指示する必要が出てきます。

でも、ただ単に「こうやって！」では、人は動きにくい。「こういう意図で、こんな結果を期待しているから、ここを修正してほしい」と言えるかどうか。ちょっとしたことですが、それだけで相手は耳を傾けてくれます。

選ぶというのは覚悟のいることです。

ある経営者の方が「経営は51対49」と言っていました。7対3という圧倒的な差があれば誰でも選ぶことができる。経営はたいがいが51対49というほぼ誤差の範囲からどちらかひとつを選ばなければいけないのだと言うのです。実に覚悟のいる話だし、自分を信じていないと、とうていできる話ではありません。

そこまでの誤差ではなくても、選ぶというのは他を捨てることにも通じますから、その審美眼を鍛えるのは時間をかけたほうがよい結果が生まれるでしょう。

僕の場合は、「過去にどのようなコピーがよいと評価されてきたのか」という座標軸が自分のなかにあって、それと照らし合わせて、いま僕の目の前にあるコピーはどのように思われるのかをじっくりと考えます。それが選ぶときの基準です。

とはいえ過去と照らし合わせてばかりいると、いまの時代の空気には合わないかもしれない。だから過去だけではなく、周りの人たちの反応を想像します。広告業界とはまったく関係のない一消費者である友人をイメージして、どう思われそうかあれこれ考えをめぐらせるのです。

そうやって時間をかけて選び抜いても、クリエーティブ・ディレクターに「いや、これじゃなくてあっちだろう」と言われることもたくさんあります。「理由は～～だ」という説明をされれば、なるほどと学べる。

そして、その説明に納得できればそちらを出せばいいし、納得できなければ自分の選んだコピーをもう一度、説明を練り直して出せばいい。

自分で考えたものについて、１００％客観的に見ることができる人はほとんどいないと思います。

ただ、その客観視の精度を高めていくのがプロですし、努力次第で精度は高められます。

何度も言いますが、選び抜く時間をかけましょう。

12

過去を研究する。書き写す。

11に続きますが、僕は他の人がつくった過去のコピーをノートに書き写し、自分の言葉で分析する、ということをやっています。

コピーライターになりたてのころに自分の血肉にしたのは、『コピー年鑑』（東京コピーライターズクラブ刊）でした。

これは毎年発行されている一冊2万円程度する分厚い本で、前年度1年間のコピーで評価されたものが掲載されています。

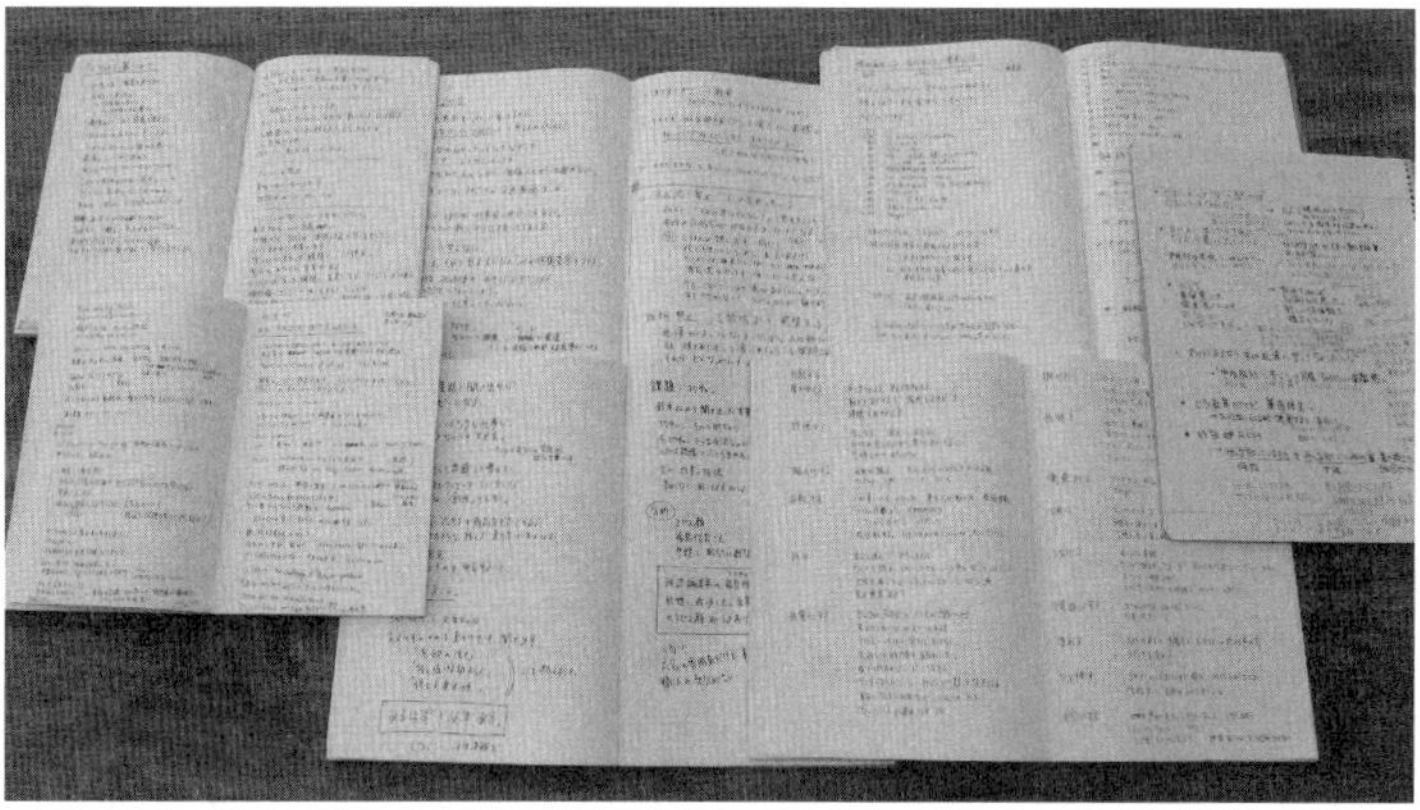

僕は自分が気になったもの、いいなと思ったものを書き出して、なぜよいと思ったのかその理由を分析して書くということを自らに課しました。

ちょっと出すのは恥ずかしいけれど、上の写真がそのノートです。

たとえば2007年、トミー・リー・ジョーンズが宇宙人役で出演したサントリーBOSSのCMで福里真一さんと照井晶博さんが書いた「このろくでもない、すばらしき世界。」というコピーがあります。

これをなぜいいと思ったのか、当時の僕はこう書いていています。

「ろくでもない」はマイナスのこと、「す

ばらしき」というのはプラスのこと。マイナスとプラスが組み合わさるとプラスがより際立つ。また言葉としても「ろくでもない」は「つまらない」「取るに足らない」よりも発音したときに愛着も感じる。商品の枠を飛び越えて、普遍的なことを言うと強い。

また『コピー年鑑』以外にも、『ACC　CM年鑑』（宣伝会議刊）や『ADC年鑑』（美術出版社刊）といった資料も含めてノートを作成し、悩んだときには見直すようにしています。

このように、よいと思う理由を自分なりに分析して書くことは、自分の提案するコピーがなぜよいのかを論理的に説明するためのトレーニングにもなります。

また、過去を知るということとつながりますが、何が新しくて、何がやりつくされているかがわかって、自分のコピーのクオリティも上がります。

2009年の6月、僕は「カンヌ国際広告祭」（現「カンヌライオンズ国際クリエイティビティ・フェスティバル」）に行きました。

これは世界中から集まってきたクリエーティブ・キャンペーンを一週間で一気に見

られるという非常に貴重な広告祭です。僕は流れているCMをとにかくぜんぶ見ると決め、朝から晩までCM漬けになりました。その数、約3300本。持っていったB5ノートに、どんなCMに拍手が起きるのか、もしくはブーイングが起きるのかをメモしていったのですが、その量は70ページにも達しました。

世界中のCMをシャワーのように浴び、メモしていると、僕はあるひとつの法則に気がつきました。

笑いどころがはっきりしているストーリーは、世界共通でウケる。

繊細な表現できれいにまとまっているより、ちょっと下品でも「笑いどころ」が明快なCMのほうに、人は共感していました。これは感動的なCMも同じで、グッとくるポイントがはっきりしているストーリーに、会場の人々は拍手を送っていたのです。

文化背景のベーシックな知識がなくても、共感してもらえるような表現になっているかどうか？　魅力的な言葉を選ぶうえでも、重要なチェックポイントではないかと思います。

小説家を目指している知人が、「好きな小説を写経のように頭からまるごと原稿用紙に書き写すと、読んだだけではわからない構造が手にとるようにわかる」と言ったことがあります。

朝日新聞の『天声人語』を書き写すノートも年配の方の間で流行っているとか。やはり手書きで書くと、記憶に残るのかもしれません。

実際にA4の紙にコピーを書いて眺めるとき、「何かどこかで見たことがあるかも！」という瞬間があったりします。パソコンだとそういうセンサーが働かないのに、手書きだとセンサーが働くのは本当に不思議です。

なので、過去の研究はぜひ手書きで行ってみてください。

13

1メートル離れて、眺めてみる。

「1メートル」というのは、物理的に1メートル離れてみるという話です。自分からの距離が遠くなればなるほど、冷静にその言葉を眺めることができます。

電通におけるコピーの打ち合わせのほとんどは、まず会議室の机のうえに書いてきたコピーを1枚1枚並べてみることから始まります。

そのなかでよさそうなものを壁に貼ってみる。さらにそのなかで一番よいものを決める。それを何度も繰り返す。

言葉と距離が離れることでよいものが判断できる、というのが実感としてあるのです。

これは企画書にも通じるものがあると思います。

アイデアの設計図である企画書をまずは手書きで書き、パソコンでタイプアップしたあとに出力したら、ちょっと椅子から立ってみて距離を置いてじっくり見てみる。なんなら企画書のすべてのページを壁に貼って眺めてみてもいい。

そうすることで、「最終的に何をやるべきなのか」をすごく冷静に見ることができるのではないでしょうか。

つまり、物理的な距離が客観を生むということ。

プレゼン前の準備でも提案書は必ず壁に貼ってチェックします。

たとえばＣＭの企画の場合も、絵コンテや企画意図などプレゼン物はすべて壁に貼って、赤ペンでチェックしていく。広告の現場ではみなさん誰もがこのようにしていると思いますが、それを徹底してやれるかどうかはその人次第でもあります。

コツ10

選ぶ

以前、毎日放送制作の『情熱大陸』という番組に、クリエーティブ・ディレクターの水野学さんが出演していました。

水野さんは熊本県のご当地キャラクター「くまモン」のデザインを手掛けた方で、番組中でくまモンを生み出したときの方法を再現してくれました。

その方法とは、オフィスの壁面を使って、くまモンのイラストをプリントアウトした紙を1000枚近く貼ってから、たったひとつを選ぶこと。

大量のイラストに描かれたくまモンたちは、微妙に目がちょっと離れていたり、口の形がちょっと違っていたり、頬の赤丸の大きさが違っていたりと、非常に細かなデザインの違いで並べられていました。つまり水野さんは、パソコンの画面上でひとつを決めずに、壁に貼った膨大な紙のなかから、たったひとつを決めたのです。

検証できるというのはこういうことです。

電通というと、クリエーティブチームもパワーポイントで資料をつくってモニターでクライアントにプレゼンすると思われがちですが、そもそもクリエーティブではあまりパワポを使いません。これまで書いてきたとおり、手書きに始まり、プリントアウトした紙でチェックするというような、非常にアナログな世界です。

裏を返せば、そのアナログ性のなかに、きっとクリエーティブの湧き出る源泉があるのではないかと思います。

「パソコン」より汎用性の高い「紙」の力を信じて、とにかく上手に使ってみてください。

14

寝る直前に書いて、起きてすぐチェックする。

夜に書いた文章というのは、変に情熱的だったり妙に興奮していたりして、感情的なものになる場合が多いです。よく「夜に書いたラブレターを出すな」「夜に書いたメールを送信するな」と文章作法の本などでも書かれていますよね。

これは一説によると、副交感神経が働く夜は理性より感情が優先されてしまうので、つい恥ずかしいことを書いてしまう傾向にある。対して、朝は副交感神経から交感神経に切り替わって脳がもっとも活性化するので、ものごとを深く考えたりアイデアを発想したりするのに一番よい時間となるのだそうです。

僕は夜の時点で「これいいぞ！」という案があっても、必ず翌朝にチェックするようにしています。朝に読んでもよければたぶんすごくよい案ですが、「これダメだな」と思ったら迷わずその案は諦めることにします。

前日に書いたものを起きてチェックすることは、僕にとってはコピーライターの仕事で特に楽しいことのひとつです。

自分が昨日考えていたことが、今日はどんなふうに変化するのだろうと確認できるのが本当におもしろい。昨日と今日と明日で思考が微妙に変化していくことを、リアルに体感できるからです。

コピーライティングに限らず、すべての仕事でひと晩アイデアや言葉や考えを寝かせることができたら、つまりひと晩寝て起きてからチェックすることができたら、すべての仕事が成功すると思います。

ただし、それは現実的ではない。そんなにみんな時間があるわけではない。

であれば、01でも書いたとおり、「右目で書いて、左目で読む」というような行為を高速で繰り返すなどして、ひと晩寝かせることに変わる方法をとるしかありません。

やはりものごとをフラットにニュートラルに見るのであれば、朝が一番です。

朝のテンションというのは、たいていが眠いし、夏なら暑く冬なら寒いし、電車は混んでいるし、会議は憂鬱だし……、とたいがいアイドリング中です。

そのときに見るものというのは、本当によいものしかグッときません。相手が歩み寄って理解をしてくれることが期待できない時間と言えるでしょう。

またそういう理性的な時間というのは、自分にとって価値あるニュースをきっちりと受け取れる時間でもあります。


でも夜になればなるほど、その価値判断が衰える。妄想が膨らんだり、「ま、いっか」と許容する気持ちが大きくなったりします。

実際、夜に書いたコピーを見るとテンションが高すぎると感じたり、自分にしか意味の通じないことを書き連ねていることが多いです。そんなわけで、この「ひと晩寝かす」は、自分へのダメ出しが一番簡単にできる方法でもある、と思います。


いや……、夜は本当に危険です（笑）。

15

3日間考えて、5秒で説明する。

よい企画は一行で説明できます。それは5秒で言えるということ。

たとえばYouTubeで動画の最初に流れるCMには、スキップボタンがついていることが多いと思います。スキップするかどうかは個人の好みにもよりますが、もし「つかみ」の5秒でよいものが流れていたら、残りの10秒を見てくれると思います。

そのような「つかみ」の5秒は他の分野でもありますよね。

広告プレゼンの場合は極端なことを言えば、ビジュアルとキャッチコピーが載った最高の1枚をクライアントに見ていただき、「いいですね、これでお願いします」と即決されるという5秒プレゼンができたら最高です。現実的にはこんな神業、僕にはとうてい無理で、きちんとそこに至る過程を説明していかないといけないのですが……。

しかしながら、この「5秒で説明する」ところまで到達するためには、どれだけ考えたかというのが大事なのではないかと思うのです。

「3日間考えて」というのは、四六時中考えているという意味ではなく、3日間、頭の中に入れておき、ことあるごとに思い出すということです。考えて、考えて、考え抜いて、ぽろっとひと言で言えたものがおもしろいかおもしろくないか。それで企画のよさはほぼ決まります。

「東京マラソン2013」の仕事で考えた企画は、「東京の地下に、東京マラソン応援号を走らせる」という内容でした。

応援号というのは「開催日2週間前に電車の車両をジャックし、東京マラソンを走るランナーのビジュアル一色で埋め尽くす企画」です。どうでしょうか。喋ると8秒くらいかかりますが、一発でどんな企画か伝えられますね。

この「企画をひと言で言い表せる」というのが、コピーに限らずどんな業界でも大事なことです。

「思考はコントロールできない」と前述しましたが、人は同時にいろんな案件を抱えていると、違う案件も思いついたりする。そういう意識をあえて持って、いつも頭のなかに入れておくほうがいいでしょう。

株式会社ポケモンの石原恒和社長も常に20以上の企画に関わっているそうです。Aの企画のアイデアを練っていたらBで思いついたことが生かされたという、複数同時進行の賜物《たまもの》を何度も経験済みだからだと思います。

起業家はエレベーターのなかで投資家に会ったら、自分のビジネスプランを30秒で的確に伝えられなければ未来はないと言われます。それが「エレベーター・ピッチ（説明する）」です。

広告コピーは「人に説明するときに魅力的な1行になっているかどうか」という点

でこのエレベーター・ピッチとよく似ています。

5秒でキャッチを説明する（もしくは30秒でビジネスプランを説明する）というのは、まさに企画の本質を伝える力が試されます。そしてそれらは考えれば考えるほど、クオリティが上がっていくのです。

これは自分の実感ですが、新しい表現をしようとか新しい言葉を使ってやろうと意識していると、意外につまらないコピーになってしまいがちです。そんなものより人は「自分にとってどんな価値があるのか」という本質的なことのほうに振り向く。

たとえばコピーライターの安藤寛志さんが書いた「地図に残る仕事。大成建設」というコピー。

これはいつ聞いても新しく聞こえます。使っている言葉はものすごく普遍的だけれど、建設会社という企業の本質を貫いていて、社員が自分の仕事に誇りを持てるような響きがある。そういう図太い言葉ほど、ずっと長く愛されるのです。

ナイキの「JUST DO IT.」もスポーツの本質を端的に表しています。見るたびに「核心を突いていればいいんだな」という思いをあらたにさせてくれる言葉です。

16

自分の失敗文章を残しておく。

僕は書いたコピーをすべて残しています。データだけでなく、紙に書いたコピーもスキャニングしてＰＤＦで残しておく。

たまに見返すと、５年前はこんなことを考えていたんだなとか、３年前はこの仕事でこういうコピーを書いていたんだなと、いまの自分の立ち位置や成長の度合いがわかります。これが視野を広げたり、自分の視点を増やしたりすることにつながるのです。

選ぶ

コツ10

広告は、同じクライアントからの依頼はありますが、同じコピーの仕事は基本1回きりです。

「信じがたいかもしれないけれど、おなじコピーは、二度と拵《こしら》えられないんです。時代と企業のオーダーメイドなものですからね。」と書いたのはコピーライターの巨匠、糸井重里さん。著名なコピーライター10人が選んだ『日本のコピーベスト500』（宣伝会議刊）の帯コピーです。つまりコピーの仕事は一期一会。それなのになぜ過去の仕事を顧《かえり》みる必要があるのでしょうか。

自分の失敗文章を見返してみると、世に出なかった理由や、クリエーティブ・ディレクターに理解されなかった理由がわかります。さらに時代背景の確認や、いまだったらこのコピーをこういうふうにプレゼンできるとか、失敗の原因をあらためて洗い出すことができます。

将棋には感想戦というのがあって、対局が終わったあと、対戦者同士でもう一度最初から同じ将棋を指し、勝因（敗因）がどこにあったのかを双方で分析します。

この感想戦という行為を毎日の仕事でできれば人はものすごく成長する気がします。

失敗から人は学ぶ。だから、失敗をなかったことにするのではなく、自己の成長のためにあえて残すほうがよいと思うのです。

たとえばボツになった企画書や、上司に注意されたメールなど、何かで失敗したものを残しておいてください。そして数カ月に一度、見直す機会をつくって活用してください。失敗文章を見返すのは5分で終わること。短い時間で意外な発見があってビックリすると思います。

このテクニックは一般事務のようなルーティンワークでも使えます。たとえばうまくいかなかった業務を記録しておき、見直しをクセにしてみたらどうでしょうか。古いやり方を改善したり、効率化を発見したりすることで、モチベーションのアップにもつながります。やはり仕事に対する働きかけがあるかないかで、充実度も違ってくるものですから。

何の仕事でも失敗がないなんてつまらない。

恐れずに常にチャレンジし、失敗は財産に転化してください。

17

近くにいる人に読んでもらう。

コピーライターとしてコピーを書くときは、これまでの仕事の知識や、商品が生まれてきた背景、あるいはクライアントのコンディション、担当者の嗜好《しこう》や性格、そして社内のイチ押しがどれかなど、いろんな事情や情報が存在します。

でも一番広告を届けたい相手は、そういう事情や情報を一切知らないで広告を見るわけです。背景をよく知りすぎてフィルターがかかっている周りの関係者に「どうですか?」と尋ねたところで、消費者のみなさんの思いとイコールではないから、決めきれない場合がある。

であれば、それを避けるために、何も知らない関係のない人に読んでもらうのがよいと思います。地方都市とか田舎に住む祖母や祖父に見せるくらいの感じで、近くの人に見てもらうのです。

現在はフリーで活躍中のあるコピーライターの方は、かつて会社に所属していたころ、総務課の方にコピーを見てもらっていたそうです。「どれがいいですか?」と訊くと、思いもよらなかった鋭い意見を言ってもらえる。まっさらな状態でコピーを見て、わかるかわからないか、つまり届くか届かないか、正直な反応をもらえたとか。大学時代の友人や、広告業界で働いていない友人など、同じフィールドにいない人に見てもらうことの大切さを象徴するエピソードだと思います。

僕の場合は、会って読ませることは不可能ですが、一般消費者のイメージとして、長野に住む両親を思い浮かべます。両親が見たときに笑うかどうか、けっこう重要なフィルターです。

人に見せるというのはけっこう恥ずかしいことですが、そのコピーは世の中に出ていくもの。それこそ変なコピーだったらもっと恥ずかしいわけだから、恥をかくのは早めのほうがいいですよね。

だから何か書いたらなるべく人に見せましょう。

企画書だって上司に見せる前に、同僚に見てもらって意見や感想を聞けばいい。言葉を届かせるためなら、恥を忍んでトライすべきです。

一度こんなことがありました。

コピーライターになって最初につくった新聞広告はある自動車メーカーのハイブリッドカーでした。僕が書かせてもらえたのは、新聞広告の下部に入る製品のセールスポイントをまとめたコピー。コピーライターになりたての僕は、とても緊張したのを覚えています。

その広告が世の中に出てしばらく経ったある日、自分が関わった新聞広告だとはひと言も言っていなかったのですが、車を買い替えたいと思っていた父がたまたまその新聞広告を見て、その車を買ったと言うのです！

そんな奇跡みたいなことがあるんだと驚きましたが、自分の関わった広告でひとりでも買ってくれた人がいたとわかり、嬉しかった。書いたコピーはたった数行でしたが、それが世の中に届いていることを肌で実感することができました。

18

「動かす」をゴールにする。

会議でコーヒーが飲みたいときに、「コーヒーを飲みたいです」と要望をストレートに言うか、「僕、朝からコーヒーのことで頭がいっぱいなんです」とその場にいる人に共感させる言葉を言うか。

その違いは歴然たるものがあることはなんとなく想像がつきますよね。

僕自身コピーライターになりたてのころは、「どう言うか?」という言い回しとか、こういうふうに言ったらうまいコピーになるとか、テクニック的なことばかり考えていました。

でもそうしたところで人には届かない、ということに途中で気がつきました。本当にやらないといけないのは、具体的な人をイメージし、どういうふうに言葉を投げかければその人に動いてもらえるか、ということだったのです。

テクニックだけじゃないんだなと気がついたのは、さきほどもご紹介したコピーライター鈴木康之さんの研修でした。

研修テーマは「コピーライターほど楽な商売はない」でした（このタイトル、「嘘だあ⁉」と思いますよね。僕も正直思いました）。

そこで教わった「コピーライターはおとりつぎの商売だ」という言葉は、「コピーライターは言葉をテクニック的に扱える人である」と信じきっていた自分にとって、目から鱗《うろこ》の洗礼でした。

鈴木さんによると、「クライアントが伝えたいことを消費者が受け取りやすいようにとりつぐのが、コピーライターの仕事。第一線で活躍している人ほど、クライアントと話して話して話して、誠実なコミュニケーションをとっている。だから答えはクライアントのなか、商品のなかにある」というスタンス。これを教わったとき、言うことがゴールなのではなく、人の気持ちを動かすことがゴールだという方向性が定まりました。

やはり自分が言いたいことだけを言葉にしていたら届かない。もし広告と芸術作品の違いがあるとすれば、制作者の「これだ!」というものを相手に理解されなくても発表できるのが芸術。広告は「これだ!」というものが相手に確実に届かなければ意味がありません。そういう違いが感じられます。

伝えるべきゴールがあると、スタートがあるのが必然です。スタートは、本質を見極めること。ゴールは相手に何かを思わせること。このスタートとゴールさえ間違っていなければ、その道中はどんなに曲がりくねっていても大丈夫。だけど、ゴールを間違った瞬間にその仕事はダメになります。

ゴールを見誤らない方法はふたつあります。常にゴールを見ることと、ゴールをひとつに絞ることです。ビジネスのゴールはさまざまな事情によって変形し、ときには見えなくなることもあります。どうしても見失いがちなので、何度も何度も「ゴールはここだよな」と確認すべきなのです。

また、現場の担当者の人はAがゴールと思っていても、上層部の決裁する人はBがゴールだと思っていたりするので、スタート時にきちんとすりあわせておくことも必要です。

具体的なゴールの要望は、クライアントによってさまざまです。ゴールを一緒に探すこともコピーライターの仕事のひとつ。魅力的なゴールをつくることが、魅力的な表現の第一歩です。

19

ルールを知って、ルールを壊す。

どうしたら人が振り向くか、人は何を求めているのか、いままでどういうものがよしとされてきたのか。僕はそういうものをルールと呼んでいます。

ルールを知らないと、ルールは壊せません。

学生の方は就職の面接で、一般企業なら「新しいサービスをつくりたいんです」、広告業界であれば「新しい広告をつくりたいんです」とよく言いがちなのですが、新しいものは過去を知らなければ見えないはずです。

怖いのは、過去を知らないでつくっているパターン。「自分が知らないだけで世の中にとってはもうやられちゃったことかも」という想いを常に持っていないと、表現や言葉を選ぶということはできないのではないかと思うのです。

ルールにもいろいろあって、振り向かせるとか、裏切りをどこかにつくるとか、商品を人間に置き換えて考えてみるとか、商品自体をオーバーに表現するなどいろんな方法があります。

たとえば、ズーム機能の優れたカメラがあったとします。

製品自体をオーバーに表現するとしたら、ズームが効きすぎて困った人を考えてみる。どこまでも遠くのものを写せてしまうので自分の彼女の浮気現場までカメラが捉えてしまった、と極端なことを考えて、コピーを考えてみると、やわらかい言葉が出てきます。

広告だけに限らず、過去の小説や映画にも裏切りをつくるためのルールがあると思います。それを知っているからこそ、「ここで裏切ると思いきや、やっぱり裏切らなかった」という、裏切りの裏切りが初めてできる。

そういう意味で、ルールを知っていないとルールを壊すことはできないし、そこはちゃんと意識したほうがお得です。

次に挙げるのは、1974年のソニーカラーテレビ・トリニトロンの新聞広告で、コピーライターの西田制次さんが書いたコピーです。


白さが違う、という洗剤のCM《コマーシャル》はできればソニーで見ていただきたい。


当時、洗剤のCMで使われていた「白さが違う」というキャッチフレーズ。このときの「ルール」は、みんながテレビを通してその言葉を知っているということでした。まさにルールから生まれた名コピーだと思います。

学問は、これまで体系立って教えられてきた知識があるからこそ、新事実を発見できます。歌舞伎も伝統芸能としての基礎があるからこそ、革新的な作品をつくることができる。絵画だって最初はデッサンをたくさん描いて、具象画を何枚も描いて、それから抽象画が描けるようになる。

ということはビジネスでも同じように過去のルールがあってこそ、いまを変えられるわけです。

どんな世界でもあるルール。まずはそのルールを学びましょう。

20

体内に判断基準をつくる。

クリエーティブに入って最初のボーナスを、たったの2時間で使い切ったことがあります。

電通に入社してコピーライターとなったわけですが、周りを見るとみんな抜群にオシャレ。自分の服装と明らかにギャップがある。

僕はもともとパソコン好きで、友達も少なく、家にいるほうが好きという完全なインドア派。服装もその当時の上司に注意されたほどでした。そもそも洒落た店など知らないし、何を買っていいのかもわからず、学生時代の服をそのまま着ていたのです。

それで僕は一念発起し、自分の所属している第4クリエーティブ局の先輩に、「ボーナスぜんぶつぎ込みます。先輩が行っているお店に一緒に行かせていただいて、僕をコーディネートしてもらえませんか?」

と声をかけたのです。

先輩はいつも行っているお店2、3軒に僕を連れて行き、洋服をばばばっと選んでくれました。両手に抱えきれないほどの紙袋とともに、初ボーナスが平日の18時から20時までのたった2時間できれいさっぱりなくなったのですが、とても気持ちのよい経験でした。

しかも後日談もあって、第4クリエーティブ局内の壁に「渡邉はいまこういうファッションを目指している」というファッションコーデポスターが勝手に貼られたのです。それ以来、打ち合わせのたびに、いろんな人からファッションチェックしてもらうという機会に恵まれました。

経済的には大出血でしたが、そこで貯金しなくてよかったと思います。それは「選ぶ目」ができたからです。先輩との買い物は1回だけでも、コーディネートを考える際の選ぶ目がたった2時間で養われた。

つまり、何かひとつきっかけさえあれば、誰でも自分を変えることはできる、判断基準を持つことができるということです。

企画書に自信がなかったら、部内で一番企画書のうまい人に声をかけて、一度教わるのも手だと思います。

自分のなかの座標軸がないと、時間軸を変えたり言葉を置き換えたりするのはむずかしい。だから他人の手を借りて、自分の座標軸をつくってみてはいかがでしょうか。

あとは、日ごろから映画や小説、展覧会、ライブコンサートなど、見た読んだ聞いたというだけではなく、何がおもしろかったのか伝えるシミュレーションをしてみる。できれば書いてみる。

普段から「この映画を人に伝えるとしたら自分だったらどう話そうか」「この小説の魅力を自分ならどう表現しようか」と自分にそうやって問いかけるだけでも、話をおもしろく伝えられる基礎や選ぶ目が培われると思います。

練る

コツ
10

21

緩急をつける。

あるクライアントへの、ＣＭ案のプレゼンに同席したときのことです。「ラストシーンを別のシーンに変更すべきではないか？」とクライアントから質問が出ました。ＣＭプランナーは「Ａという理由で、ラストシーンはこのままのほうがいいです」と説明。すると、さらに上のクリエーティブ・ディレクターが、「私の意見は違います」と言いはじめたのです。「Ａという理由は、どうでもいい。ここで一番大事なのは、Ｂという理由」と、同じチームのＣＭプランナーの意見を完全否定。チーム内で意見が割れているのか？　という感じで、プレゼンの場に一瞬、冷たい空気が流れました。

しかし、その次のひと言が秀逸でした。「Bだからこそ、このカットを残すべきです！」この発言を受けて、CMプランナーもたたみかけます。「お気づきのとおり、クリエーティブ・ディレクターと私の意見は、大きく食い違っています。しかし、結論は同じです。このカットを残すべきです」。

これには、クライアントも大笑い。ラストシーンはそのままで、OKが出ました。

何かを否定すると、聞いている人はハラハラします。このあとの展開、どうなる？　と気になります。

否定する言葉と肯定する言葉。緩急をつけて使うと、受け手をハッとさせやすくなるのです。

一番よくないのは否定と肯定の真ん中、つまり「平凡に」という地点です。受け手である消費者は、商品から得られるものは何か、それを使えばどんな自分になれるのかが知りたい。それを平凡に伝えるのは、一番やってはいけないことだと思います。

企画書も同じです。「この企画をやるとそここいける思います」的なものを聞いたところで、人の心は動かされません。でも、「リスクもありますが、成功すればナンバーワンのブランドに必ずなります」という企画書だと、ちょっと聞いてみたいなと思いますよね。

否定と肯定で緩急をつけるというのは、ひとつのテクニックです。

ないものがある。（伊勢丹／眞木準）

時計ではない、計器である。ブライトリング（大沢商会／広瀬正明）

こちらは否定的と言ってよいのか微妙なところですが、価格やお金という一見嫌らしくなりそうな言葉をあえて使うことで、逆に効果的なコピーもあります。

お金をたくさんもうけたい。

そういう人には縁のない銀行です。（日本郵政／岩崎俊一、岡本欣也）

ユニクロは、低価格をやめます。（ファーストリテイリング／廣澤康正）

お、ねだん以上。ニトリ（ニトリ）

次は思い切り肯定、ドがつくほどのストレートなコピーを挙げましょう。

僕の君は世界一。（パルコ／糸井重里）
クシャミ3回ルル3錠（三共　ルル／林厚爾）
男は黙ってサッポロビール（サッポロビール／秋山晶）

どのコピーも一度聞いたら忘れられない強さがあります。肯定に振り切ると、強度の高い言葉が生まれやすいのではないかと僕は思います。

肯定と否定で緩急をつける。否定と肯定の真ん中は避ける。ちょっと意識してみるだけで、普段とは違う言葉が書けるはずです。

22

ささやく。アナウンスする。

コピーに限らず、企画書でもブログでも伝える言葉に必要なのは、「そこにニュースがあるかどうか」ということです。

東京マラソンの仕事をしたときに、「２０１１年の大会では、東京マラソンの平均タイムは20代男性よりも60代男性のほうが速かった」ということを知りました。

これは20代男性の人数のほうが多くてマラソンの経験値にばらつきがあり、逆に人数の少ない60代男性はしっかりトレーニングをしてから臨むことからそのような結果になったのではないかと僕は推測しているのですが、いずれにせよその事実はとても興味深い、引き込まれるニュース性があります。

それでこういうコピーを書いてみました。


20歳男子の平均タイム、4時間46分。

60歳男子の平均タイム、4時間39分。


ニュースには固定概念をひっくり返す要素があります。

そもそも知っていることしか書かれていない文章を人は読みたいと思わない。でもそこに知らないニュースが書かれていたら、人は最後まで読んでしまうもの。

そのニュース性があるかどうかを調べる方法が、「ささやき声で読んでみる。アナウンサーのように読んでみる」です。


人は文章を書くと黙読で確認してしまいがちです。

しかし、あえて声に出して読んでみるのです。隣に同僚がいて迷惑をかけそうなら、廊下でも屋上でも給湯室でも会議室でも人のいない場所に移動して書いたものを読んでみる。驚くほど発見があり、冷静な判断ができると思います。

「ささやき声」は、その文章や言葉にグッと人の心を惹《ひ》きつける力があるのかを検証しやすい声です。どれだけ小さなひそひそ声で言われても、そこにニュースがあれば人は耳を傾け、頷《うなず》くものです。

「アナウンサーのように」というのは、ニュースとしてどんな強さがあるかを検証するのに役立ちます。事実を淡々と話すとすごく客観的に聴こえるので、それでも引き込まれる何かがあるかを確認できます。

僕はラジオCMの企画に初めて携わったとき、読み方ひとつでメッセージの価値が変わることに気がつき、それからこの方法を積極的にとるようになりました。ささやき声で読む、アナウンサーのように読むというだけでなく、高級車のコピーなら、豪華なシートに腰を沈めていることを想像しながら読んでみたり、ビールだったら朝から水分を控えてわざと喉をカラカラにして読んでみたり、いろいろ試してみました。

コピーにおいては字面、つまりタイポグラフィーの種類や各文字のフォント、文字を並べたときの雰囲気も大事ですが、リズムや音の響きも非常に大事です。
村上春樹さんはエッセイや対談で「文章の音楽性」というものにたびたび触れていて、文章に一番大事なのはリズムで、そのリズムを「前に前にと読み手を送っていく内在的な律動感」（『小澤征爾さんと、音楽について話をする』新潮社刊）と表現しています。
声に出して読めば、村上さんの言う「文章の音楽性」はすぐにわかります。句読点の有無や改行の適切な場所、余計な情報が入っていないかどうかまでチェックすることができるのです。

企画書についても同じことが言えます。人に伝わるよい内容は、音的にも心地よいはず。声に出して読めば語彙や文章も適切に修正でき、プレゼン時の抑揚やリズムをどのように組み立てるかの練習にもなって、一石二鳥です。

このように声に出して読むというのは、伝えるための技術とクオリティを上げるのにたいへん効果的な方法です。視覚（字面）の次は必ず聴覚（音）で判断することを心がけてください。

23

尊敬する人になりきって書く。

コピーライターといえば一般的に糸井重里さんを第一に思い浮かべる人が多いでしょう。

前述の『日本のコピーベスト500』では、第1位「おいしい生活。」（西武百貨店）、第2位「想像力と数百円」（新潮社　新潮文庫）、第10位「すこし愛して、ながーく愛して」（サントリー　サントリーレッド）の3つがベスト10にランクインしているという、まさにコピーライターの巨星のような存在です。

そしてまた、第3位「おしりだって、洗ってほしい。」（TOTO）、第7位「好きだから、あげる。」（丸井）の2つがランクインしている仲畑貴志さんの名前を挙げる人も多いのではないでしょうか。

僕はコピーライターになる前から、仲畑貴志さんの『コピーのぜんぶ』（宣伝会議刊）を買って読み込んでいました。作品集としてもすごくおもしろいのですが、いま振り返ると「自分自身が仲畑貴志だったらどう書くか」という、その人になりきるための道具としても最適だったと思います。

他にも「きれいなおねえさんは、好きですか。」（松下電工　ナショナルスチームクルクル）の一倉宏さん、「あなたに会えたお礼です。」（サントリー　サントリーウイスキーの贈りもの）の岩崎俊一さんなど、尊敬するコピーライターの作品集を読んで、その人になりきって考えたことがあります。

コピーだけに限らず、村上春樹さんや村上龍さん、東野圭吾さんなどの小説を読むときも、彼らの文体や言葉のクセなどに注目しています。

そして、こういう視点がある人だったらこのサービスをどのように表現するだろうか、この商品でどんな物語を編むだろうか、いま自分が抱えている仕事に対してどのように取り組むだろうか、などと意識的に考えるようにしています。もちろん、そっくりそのまま作品を真似するのはダメです。その人になりきって、別のものを書いてみるということです。

やはり自分ひとりだと幅がありません。これまでの短い人生、少ない経験のなかで、知っている言葉や使える言葉の数などたかが知れている。それで勝負するのはどんな人でも苦しいものです。

だから自分の幅をもっと広げるために、尊敬する人から学ぶのは重要なこと。コピーライターという「言葉で成功している人」であれば、どういう言葉を使っていたのか、どういう世界観を持っていたのかを、作品から学ぶのです。

言い換えれば、尊敬する人を意識的に増やしていけると、自分の世界観や言葉の引き出しも増えていくということだと思います。

『超訳 ニーチェの言葉』『超訳 ブッダの言葉』（ともにディスカヴァー・トゥエンティワン刊）などがベストセラーになることを考えると、過去の著名な人々の言葉を現代の視点で捉えなおして自分の言葉にしたいという欲求が人にはあるのではないかと思います。

もちろん言葉だけでなく、アイデアの出し方や日常の行動規範さえも、尊敬する人の真似をすれば理想の自分に近づける。そういったロールモデルを探してなりきってみると、案外といろんなものが見えてくるはずです。

自分の好きなものだけしか書かない、自分の得意分野だけで勝負したい、というスタンスに人は陥りがちですが、過去を知らないと新しいものは生まれません。過去を知ることが、未来をつくるのです。


一度、岩崎俊一さんがメインのコピーライターで僕がサブという立場で仕事をご一緒したことがあります。そのとき僕のコピーはひとつも採用されませんでした。悔しい反面、岩崎さんの圧倒的に新鮮で目線の優しいコピーは本当に魅力的でした。

しかし、すごいのはコピーライティングの能力だけではありません。

岩崎さんの弟子にコピーライターの岡本欣也さんがいます。現在は独立し、「大人たばこ養成講座」シリーズ（日本たばこ産業）や「試す人になろう。」（本田技研工業）などのコピーを書いて大活躍されています。

その岡本さんに、岩崎さんからどのような指導をされたか尋ねてみたところ、「いいとはひと言も言われず、ダメ出しの連続が3年間続いた」というのです！「これは違う」というダメ出しだけでも選ぶ目は養えるんだな、と納得しました。

もちろん師匠と弟子の関係はリアルでなくたっていい。師匠と思える尊敬できる人を見つけるだけで、その日からあなたの選ぶ目は鍛えられていくでしょう。

24

ライバルを意識して書く。

広告であるかどうかは関係なく、言葉は言葉。いい言葉はいつだって人に届くし、よくない言葉はいつだって人に届かない、と僕は常々思っています。そういう意味においても、コピーライターの本当のライバルというのは広告の外にいるのではないか。たとえば小説家や、テレビの放送作家、映画の脚本家。おのおのの業界の第一線で活躍されている人のなかに、ライバルはひそんでいるのです。

分野を超えたライバルをひとりつくると、自分のモチベーションが上がるきっかけになります。そして、その人になりきれば、広告とはぜんぜん違う文脈で何かよいものが生まれる可能性も高い。

また、その人が気になる理由を考えることで、自分が何を気にしているのかが客観的にわかることもある。

つまり自分自身を知るという点でもたいへん応用が効くのです。

コピーライターになりたてのころ、僕が勝手にライバル視していた作品は、内田けんじ監督の『運命じゃない人』（２００５年公開）でした。渋谷の小さな映画館で観た日の衝撃は、いまでも忘れられません。

運命じゃない人って、どういうことだろう？　タイトルを聞いただけで観てみたいと思わせるネーミング、そしてストーリーもパズル的な文脈と裏切り方が刺激的で、「コピーで上手に裏切れないかな」と考えるきっかけをくれた作品です。

たとえば前述の「ＹＥＳと言い続けてたら、警察がきた。（ＥＣＣ外語学院）」というコピーの場合、英会話教室の広告で使わないであろう「警察」という言葉を使うのは、読んだ人をちょっとビックリさせる効果がありますよね。

こういうふうにネガティブな意味で裏切るのではなく、ポジティブな意味での裏切りをどこかにつくりたいと思ってコピーを書くようになりました。

大学院にいたころは、同じ領域の研究に携わる人みんながライバルでした。何かひとつ新しい発見があると論文を書いて、学会で発表し、それで評価されるわけですが、相手に先んじられると本当に悔しい。しかしそれがまた自分の研究のモチベーションになります。

また僕は１９８０年生まれなのでよく「松坂世代」と言われます。同年の松坂大輔選手の大活躍に素直にすごいなと思う反面、松坂世代とまとめてしまわれるのは少し悔しい。

そういえば僕の幼なじみに中央競馬の騎手になった北村宏司くんという人がいて、よく一緒に遊んでいました。

彼は中学を卒業後、倍率２００倍、年間10人程度しか合格できない競馬学校に入学しました。

競馬の騎手の世界はとてもシビアで、毎年順位がつけられます。でも北村くんは毎年トップ10に入っている。（年収もだいたい見当がつく！）。幼なじみの活躍をうれしく思う一方で、違うところで勝負してやる！　という気持ちにさせられます。

そういう意味でライバルというのは、自分を成長させるためにはかけがえのない存在です。周囲との関係を崩さないようにうまく立ちまわることも大事かもしれませんが、やはり激しい嫉妬や強いライバル心が自分自身を向上させる面もあると思う。

松坂選手や北村くんのようなスポーツ選手、自分とぜんぜん住む世界の違うふたりが僕のコピーを読んだらなんて思うかな……。と、そういう目線を持てるのも仕事に役立ちます。彼らが参るような（買っちゃうような）コピーを書いてみたいものです。

話を言葉の世界に戻しましょう。たとえば翻訳にも、僕が勝手にライバルだと思っている作品があります。

Here's looking at you, kid.

これは映画『カサブランカ』（１９４２年公開）のなかで、主人公のリック（ハンフリー・ボガート）がイルザ（イングリッド・バーグマン）に語るセリフです。直訳

すると「君を見つめることに乾杯、カワイコちゃん。」となるのですが、翻訳家の高瀬鎮夫さんはこれを、

君の瞳に乾杯。

と訳しました。後世に残る名訳ですね。

文字だけを追うと、どうしてこういう翻訳になったのか不思議です。でも映像と合わせて考えると、確かにリックの言葉はこれがぴたりと当てはまる。顔をぐっと近づけてふたりが見つめ合っている。イルザの瞳が輝いている。そこに、あのセリフです。とても親密な雰囲気が伝わります。

コピーでも、ビジュアルと合わせたときにどう感じるか？　という視点がとても大事です。言葉と絵の関係性を常に意識するきっかけになった訳語ですし、いつかこれを乗り越える言葉を書いてみたいものです。

25

強い事実は、強い言葉になる。

広告コピーは空想、妄想ではつくれません。

そこには必ず、事実の裏付けが必要です。

たとえば前述した「東京マラソンにおいて、60代の平均タイムは20代の平均タイムより速い」という事実。

知ってみると、東京マラソンというものをこれほど表している事実はないように感じます。東京マラソンのことをもっと知りたくなったり、身近に感じたりする力が、この事実のなかにあるのです。

誰にも知られていない事実はコピーに活かすことができます。たとえば「価格140円のチョコレートです」では誰もが知っている事実だから弱い。それを言われたところであまり人は振り向かない。

でも「価格140円だけどカカオを90％使っている」だと、ちょっと振り向く人が増えるかもしれない。「価格140円だけど有名店のパティシエがプロデュースした」というのだと、さらに振り向く人が増えるかもしれない。

そんなふうに事実には強弱があります。強ければ強いほど、知らない人が振り向くためのきっかけになるのです。

強弱の最初のフィルターは、やはり自分が生活していて実感があるかどうかです。「価格140円のチョコレート」という情報がいまいちピンとこなかったら、事実としても弱いという判断をして、強い事実を探したほうが無難です。

たとえば海外のミネラルウォーターを日本で初めて発売するとします。

日本でもすでにさまざまな種類のミネラルウォーターがあるわけで、それらとどう差別化するのか。

答えは、「その商品のなか」にあります。

産地を調べ、その土地の人々の暮らしを調べ、自然のなりたちを調べ、歴史を調べ、その水と人の関わりを調べ……、そうやって地道に探すことで、強い事実は見つかります。

以下は、2007年の「カンヌ国際広告祭」でブロンズを受賞したユニリーバ社のスキンケア用品「Vaseline」のCMのナレーション（日本語訳）です。Your skin is amazing. という言葉の意味がとても印象的に語られます。

あなたの肌は驚異的だ。
温度を調節する。
3億もの細胞から成り、
防水で、しかも水分を放出する。
その表面は病気を寄せつけず、

環境を素早く察知して順応する。
常に成長し、常に自ら代謝をし、
傷ついたときは自分で治癒する。
あなたの肌は驚異的だ。
どうぞ大切に。
Vaseline

人の肌について徹底的に調べなければ、このコピーは書けません。強い事実をもとにしたコピーのお手本だと思います。

コピーの仕事というのは、商品を飾り立てることではありません。また企業の宣伝課の言いたいことを代筆するのでもありません。これを使う人がどういう気持ちになるか、を考えることです。言ってしまえば、完全に消費者目線、使う人目線です。それを間違えると、届かないコピーになってしまいます。

大正から昭和にかけて活躍したコピーライターの鬼才、片岡敏郎さんは、コピーの本質をこのように語っています。

「広告というものは、自分が金を出して自分をおだてているようなものだ。モヒの注射のようなものだ。これくらいあぶないものはない。」（『広告エポックの人　片岡敏郎』誠文堂新光社刊）

「広告文は社長や担当部課長の代筆をして喜ばせるものではない。商品の代筆をして使う人たちを喜ばせるものである。」（『片岡敏郎スモカ広告全集　別冊付録』マドラ社刊）

ちなみに僕は先達のコピーライターのコピーだけでなく、街で見る広告でいいなと思ったものもノートに書き溜めています。

ストックはいずれ自分の血肉になります。いま自分の考えたことが新しいのか古いのか、やり尽くされているのかやり尽くされてないのかの判断基準にもなる。

だから言葉を磨きたければ、よい言葉に出会ったときは迷わずメモすることをお勧めします。

26

語尾をいじくりまわす。

文章は語尾が命です。語尾がばちっと決まっていると、文章というのは必ず伝わる。これが日本語の大きな特徴なのではないでしょうか。コピーでも何でも文章を検証するときに何をどんな切り口で言うかが大事なのですが、それが決まったら次に検証しなくてはいけないのは、この語尾です。

語尾は、伝えている人が誰なのかでも変わってきます。

「～です。」「～だ。」「～だよね。」「～と思います。」「～と思った。」「～か。」など、同じ内容を言っていても、まったく違う伝わり方になる。句読点の有無でもまた違う。伝える側と伝えられる側の関係性を変化させ、広告の世界観を決める、それが日本語の語尾の力だと思います。

僕はよく自分で書いたコピーの語尾をいろいろ変えて並べてみます。例を挙げてみましょう。「コピーのコピーを書く」というお題でやってみます。

コピーがつくと、物は物語になる。
(こうやって言い切ると、言葉がスッと立つような、意志の強さを感じます)

コピーがつくと、物は物語になると思う。
(書く人の思いがにじみ出てくるような真摯なまなざしを感じます)

コピーがつくと、物は物語になるんです!
(どこからか、大きな声が聞こえてきそうです。強く訴えかけるような感じがします)

もうひとつ、別のコピーでやってみます。

コピーは、あれもこれも言いたい人を黙らせます。
（伝えたい内容が丁寧に、はっきりと伝わる感じがします）

コピーは、あれもこれも言いたい人を黙らせちゃう。
（内容に軽やかさが生まれました。チャーミングな感じがします）

コピーは、あれもこれも言いたい人を黙らせる、よね。
（文章にリズムが出て、受け手の同意を促すような感じがします）

いかがでしょう。伝わり方の変化を感じませんか。

さて、さきほど語尾は日本語の特徴と書きましたが、英語ではどうでしょうか？
日本でも耳にする英語のコピーを並べて見てみましょう。

まず自動車メーカーは「DRIVE」という単語をどう使うかで各社の特徴を出そうとしています。

Drive@earth　（三菱自動車）
Drive Your Dreams.　（トヨタ自動車）
Think. Feel. Drive.　（富士重工業）

最後の富士重工業は動詞を３つ並べていますが、こちらは名詞を３つ並べたもの。

sound. vision. soul.　（パイオニア）

顧客である「YOU」ではどうでしょうか。

Quality for You　（三菱ＵＦＪフィナンシャル・グループ）
FOLLOW YOUR HEART　（リクルート）
Your Vision, Our Future　（オリンパス）
With Your Life　（日本通運）

「LIFE」にはこんなものも。

No Music, No Life.　（タワーレコード）
A Better Life, A Better World　（パナソニック）

もちろん「LOVE」は必須ワード。

LOVE BEER？（サッポロビール　黒ラベル）
i'm lovin' it（日本マクドナルド）

こうしてみると、日本語のコピーは語尾の変化でメッセージのニュアンスが変わるというおもしろさがありますね。英語のコピーは、たとえ短くてもど真ん中のメッセージをズバッと伝えられる強さがあるのではないでしょうか。

27

要約を避ける。

仕事をしているとよく「ひと言で言うと何？」と言われる場面があります。ぜんぶの要素を短くまとめるとどういうことだ？　という意味ですが、要約だけだと人は振り向かないなというのが実感としてあります。

たとえば「価格は○○。使う人は××。こんな商品が生まれました、これからも△△にご期待ください」というようなコピーに人は振り向きません。（おもしろくないですよね？）

要約は、スペックをつなげていけば誰にでもできる。そのスペックをつなげた先に結局何を指し示すのか、というのが大事なのです。

最近のCMは「続きはWEBで。」というのが一般的です。そこでウェブサイトに行ってみると、ものすごく長い文章が……。それでは人は見ません。最後まで読んでもらうための「工夫の一行」が必要なのです。たとえば「その秘密がラストで明らかになる！」のようなオーソドックスなひと言でもいい。大事なのは要約ではなく、先まで読んでみたくなるひと言。それがあるだけで読む人のモチベーションが違ってくると思うのです。

コピーを書きはじめたころ僕が陥ったのは、長い文章を要約して、それでおしまいにしてしまうことでした。サービスの全容が2000字あるとして、箇条書きにしてみたり、むりやり300字くらいにまとめてみたりするのはトレーニングとしては有効です。

そういう工夫をして大事な情報だけを抽出したら、次はそれを文章の中心に据えて、サービスの全容をぜんぶ読んでもらうための仕掛けをつくる必要があります。その先まで知りたくなるひと言をつけていくことで、読みとばされない、魅力的な文章に仕上がっていくのです。

同僚とランチに行ったときに、週末に観た映画の話をするとします。

「タイトルは◯◯で、主演は△△で、監督は××で、始まりは〜〜で、ラストは〜〜だった」と箇条書きみたいに話す人はいませんよね。でも「週末にすっごく恋をしたくなる映画を観た！」とひと言あると、「どんな映画なの？」と訊きたくなる。

そのように相手を引き込む話し方を意識するだけで、ビジネス上の言葉の使い方も違ってくる。読み手にイメージをさせるひと言をつくれるようになるし、実際それだけで人は続きを読みたくなるのです。

ビジネスというのは人を動かすものです。

その人に、商品に恋をしてもらう。会社を好きになってもらう。自分と一緒に仕事がしたいと思ってもらう。

そのためには自分が商品や会社を好きになって、どう伝えたら自分と同じ恋の気持ちを持ってもらうのかを考え抜くというのが、ビジネスの基本だと思います。

28

脳みそふにゃふにゃスイッチを入れる。

世界最高の仕事って何でしょう？　シリコンバレーで世界を一変させるようなビジネスを起こすこと？　100年後も輝き続けるような作品をつくること？　答えは人それぞれですよね。でももし、こんな仕事と出会ったら？

「The best job in the world.（世界最高の仕事。）」というコピーで展開されたオーストラリアの観光キャンペーンは、誰もがうらやむ仕事を提供することで大成功を収めました。その仕事とは、オーストラリアのビーチリゾート・ハミルトン島で「管理人」としてブログを更新するというたってシンプルなもので、報酬はなんと半年間で約1000万円！　新聞の求人広告が口コミで話題となり、196カ国から33万人を超える応募がありました。

仮に同じ予算を使って「ハミルトン島はいいところです。ぜひ来てください。」という趣旨の広告を展開したとしても、それだと人の心は動きません。それを「世界最高の仕事があります」にしたことで、人の心がグッと動いたのです。


やわらかい発想が、世界を変えます。

人にはみんな、見たことがないものを見たいとか、ビックリしたいという気持ちがあります。

フェイスブックに投稿される写真も、たとえばすでに見たことがあるような富士山の写真だと「いいね！」は押されにくい。それよりも、富士山を背に湖で寒中水泳とか、意外性のあるもの、驚かされるもの、笑わされるものに人は「いいね！」を押すのです。

そういう、意外性をつくり出すための「脳みそふにゃふにゃスイッチ」を常日ごろ鍛えておくと、仕事でもいろんな応用ができると思います。

ちなみに僕が脳みそふにゃふにゃスイッチを入れたいときにするのは、近くにいる同僚に、すごくくだらない話をしてみること。誰も言わない、言ったら寒いくらいのダジャレをあえて口にして、自らそちらの視点に自分を持っていくようにしています。自分にとっては効果的ですが、汎用性はないかもしれません……。

以前、ある情報通信企業のB2B広告、つまり企業が企業に対して打つ広告をつくったときのことです。

当時、パソコンのなかだけではなくサーバーにアプリケーションを置き、そこにいつでもアクセスできるようにするという「クラウド」というソリューションが発表されました。ビジネスをもっとスムーズにするクラウドを広く企業に知らせたいというのが、その新聞広告の趣旨でした。

打ち合わせで出したコピーのひとつが、クラウドは雲だから、「この雲でビジネスの空が晴れます」みたいなコピー。しかし、クリエーティブ・ディレクターに、

「カタイなあ」

と言われてしまったのです。

確かに冷静になるとカタイし、おもしろくない。それで「脳みそふにゃふにゃスイ

ッチ」を入れて書いたのがこれです。

頭使わず、稼げたらいいのに。

クラウドという商品のことはまったく言わない、ふにゃふにゃだけど、ビジネスをもっと効率的にする技術であることが伝わる言葉がぽろっと出ました。クリエーティブ・ディレクターは、

「バカだねえ、お前」

と笑いながらも「これいいじゃん」と言ってくれたのでした。

29

レモンで考えてみる。

書いていて行き詰まったときや、もう空っぽで何も書けないと思ったとき、僕はよくレモンを思い出します。レモンといっても、果物のレモンではなく、フォルクスワーゲンのレモンのほうです。

これは1960年代にアメリカで展開されたフォルクスワーゲンビートルの広告。『クルマの広告』（KKロングセラーズ刊）で西尾忠久さんが詳しくまとめられていますが、広告業界では伝説の広告と呼ばれています。そういえば1960年代のニュー

Lemon.
This Volkswagen missed the boat.
The chrome strip on the glove compartment is blemished and must be replaced. Chances are you wouldn't have noticed it; Inspector Kurt Kroner did.
There are 3,389 men at our Wolfsburg factory with only one job: to inspect Volkswagens at each stage of production. (3000 Volkswagens are produced daily; there are more inspectors than cars.)
Every shock absorber is tested (spot checking won't do), every windshield is scanned. VWs have been rejected for surface scratches barely visible to the eye.
Final inspection is really something! VW inspectors run each car off the line onto the Funktionsprüfstand (car test stand), tote up 189 check points, gun ahead to the automatic brake stand, and say "no" to one VW out of fifty.
This preoccupation with detail means the VW lasts longer and requires less maintenance, by and large, than other cars. (It also means a used VW depreciates less than any other car.)
We pluck the lemons; you get the plums.

(Volkswagen AG ／ 1960年)

ヨークの広告業界を描いたアメリカのテレビドラマ『マッドメン』でも、この広告がネタになっていましたね。

なぜ行き詰まったときに、レモンを思い出すのか？

実は、Lemon. という言葉には、レモンの果実の意味のほかに、「不良品。」という意味もあるそうです。真新しいビートルの写真に、「不良品。」という言葉があれば、読み手の頭のなかに「なぜ？　どうして？」という疑問が当然湧く。で、その先のボディコピーを一刻も早く読んでみたくなる。

まさにこれは、心をキャッチするコピーです。どんな文章でも、読み手の心をつかんで、その先を読んでみたいという気持ちにさせることが大事。行き詰まったときに、この広告を見ると、もう一度基本に立ち返って考えることができるのです。ちょっと長いですが、ボディコピーまで読んでみましょう。

不良品。

このVWは船積みされませんでした。

車体の1カ所のクロームがはがれ、しみになっているので取り替えなければならないのです。およそ目につくことがないと思われるほどのものですが――

K・クローナーという検査員が発見しました。

当社のウルフスブルグの工場では3389人がひとつの作業にあたっています。VWを工程ごとに検査するために、です。（日産3000台のVWがつくられています。だから車より検査員の方が多いのです）。

あらゆるショック・アブソーバーがテストされます（部分チェックではダメなのです）。ウインドウ・シールドもすべて検査されます。何台ものVWが、肉眼ではとうてい見えないような外装のかすり傷のために不合格となりました。

最終検査がまたすごい！　VWの審査員は1台ずつ車検台まで走らせていって、189のチェック・ポイントを引っぱりまわし、自動車ブレーキ・スタンドへ向けて放ちます。それで50台に1台のVWに対して「ダメ」をだすのです。

この細部にわたる準備が、他の車よりもVWを長持ちさせ、維持費を少なくさせるのです。（中古VWが他の車に比べて高価なワケもこれです）。私たちは不良品をもぎとります。あなたはお値うち品をどうぞ。

（『クルマの広告』西尾忠久著／KKロングセラーズ刊より）

「不良品。」という言葉で「なんだろう?」と思って読みはじめた読者を、ウィットに富んだ文章が最後までぐいぐいと引っぱってくれます。

疲れたとき、行き詰まったときは、思考が凝り固まりがちです。ぜひ「レモン」でリフレッシュしてみてください。

30

1行も書けないときは、大量に書く。

矛盾しているかもしれませんが、1行も書けないときこそ、大量に書くことが伝える力を磨く本質だと思います。

「みんなが思っていることを、みんなとは違う言葉で書く」のがコピーライターの仕事です。

みんなが思っていること、というのは「共感」を生みます。でもみんなが思っていることを同じように言ったら、出す意味がない。

それをみんなとは違う言葉で書くというのは、そこに驚きやいままで聞いたことのない表現、見たことのないモノが含まれているかどうかです。本質は同じだけれど、誰も思いつかない視点でそれを描くということ。

それでやっと「そういうことを言ってほしかった！」と思ってもらえるのです。

その「誰も思いつかない言葉」をどう思いつくのか、というのはやはり03に書いたとおり、まずは100個書いてみることです。

たとえば「YESと言い続けてたら、警察がきた。（ECC外語学院）」は、166個書いたコピーのうちのひとつです。

それまでに

「あなたの検索に英語での検索は含まれていますか。」（意味が伝わりづらい。）

「未来への投資は自分にしよう。」（普通すぎます。）

「もっと円高になれ！」（……疲れてたよね、俺？）

など、平凡すぎたり「俺、大丈夫か？」と思うものもあり、広告を訴えたい相手の読後感にしっくりこないものもある。

それでもこれだけ数を書いていくと、掘り出し物みたいな、「自分自身でも気づいていない言葉」が必ず出てくるのです。

つまりこれが「思考はコントロールできない」ということ。

自分で考えることは残念ながら自分でコントロールできません。でもぜんぶ出してみると、「あ、これ届く！」「あ、これいままで言えてなかったよね」というコピーがふとまじってくる。それをひとつだけいきなりポンとは生めないのです。

コピーライターの巨匠になれば「ふっと降ってくる」という神話も耳にすることがありますが、それも経験値の由縁《ゆえん》。

何個も何個も書いて選ぶ、という作業を気の遠くなるほど繰り返しているからこそ、紙に書きつぶすという作業が省略できるのだと思います。

どんな優秀な人でも、ひとつぽろっと書いたものですぐ使われるような評価をもらうことはないのです。

これはどのような仕事でもそうで、いきなり完璧な企画書を最短で書きたいと思うからむずかしいのです。

練る コツ10

誰も思いつかない視点やアイデアや企画を出すためには、まず自分が思いつくままにたくさん言葉を書いてみて、そこから分類して選んでみる。時間をかけた試行錯誤こそが、よいアイデアやよい言葉にたどり着く、最短経路だと思います。

粘る

コツ
10

31

ふくらむ言葉にする。

次は、言葉を選ぶときにどうやって粘るかという話です。

たとえば「チョコレート3個で100円」と言われて、あなたは買いたいと思いますか。たぶん、3個も要らない人にとっては興味がない。100円だったら違うお菓子を買いたい、という人にも興味がない。値段やスペックをダイレクトに言うとお得感があって飛びつくのではないかと思うかもしれませんが、それは想像がしぼむ言葉なのです。

ではこれを誰かにあげようという発想から「チョコレートを3人にあげられます」という言葉にしてみましょう。そうすると「おやつの時間に、あの3人にあげようかな」と具体的な3人の顔が思い浮かんだりする。

ちょっとした言い方ひとつで、想像がふくらんだり、しぼんだりするのです。

言葉をチョイスするときには、最終的には自分の想像センサーが働くかどうかを判断基準にします。その言葉を言われたら使いますか？　買いますか？　欲しいと思いますか？　という判断をすれば、しぼむかふくらむか見えてきます。

東京マラソンの話を再述しますが、電車を広告でジャックする「東京マラソン応援号」というのは、5秒で説明できるコンセプトです。

ではそれをどう表現するのか。乗客のみなさんにどうしたら東京マラソンを身近に感じてもらえるか、もうすぐなんだとわかってもらえるか、というのを計算して書いたコピーがこれです。

心はもう走ってる。東京マラソン

直前の2週間前なので前のめりになっている感じ、実際は走っていないけれども心はもう東京マラソンのことでいっぱいという感じが伝わるようにしたいと考えました。前のめりとはいえ、「東京マラソンを走ります！」だと、参加しない人には届きません。コツは「そろそろそういう気分です」という共感。これがふくらむ言葉になるのです。

よく「コピーにはネガティブな言葉を使ってはいけない」と言われます。ただ、ネガティブな言葉でもふくらむ言葉というのはあると思います。

たとえば日本ペットフード協会で、コピーライターの児島令子さんが書いたコピー。

死ぬのが怖いから飼わないなんて、言わないで欲しい。

「死」という言葉をあえて使って「生」を描くことで、「ペットを飼うのはものすごい喜びもあるんじゃないか」という想像がふくらむ秀逸なコピーです。

イタリアの「Vedi Napoli e poi mori.」を日本語訳にした「ナポリを見て死ね。」という有名な諺《ことわざ》も、「ナポリに行っておかないと！」と気持ちを高揚させる力があります。

このようにネガティブな言葉を選んでいても、最終的な届き方というのはポジティブになれる場合があるのです。

いままで自分がどういう言葉に励まされたか、おもしろく感じたか、一度ノートなどに列記してみると、自分が使う言葉を磨く役に立つかもしれません。やはりワクワクした言葉に触れていないと、人をワクワクさせる言葉を見つけられない。

企画書も一緒で、自分がワクワクしない言葉で書いた企画書でプレゼンしても、相手に伝わらないと思うのです。だからそういう言葉のストックを普段から集めていると、伝わる企画書になると思います。


商品のネーミングでもどういう気持ちになるのかは徹底的に考えます。

以前、ある飲料メーカーの季節限定コーヒーのネーミングを考えたことがあるのですが、そのときは「モカの春」と名付けました。

なんてことのない言葉だけど、想像がふくらむというか……、飲んでみたくなりませんか?

32

言い換えを重ねる。

カメラのキャッチコピーで
「このカメラで最高の一瞬を撮ろう。」
というのは、ものすごく使い尽くされている表現で、もはやドキッとしません。
「一瞬」という言葉がとてもカメラに近く、結局ピンとこないのです。

でも
「このカメラで恋をしよう。」

となるとどうでしょうか。

カメラと「恋」というちょっと遠い言葉をつなげることによって、いいシーンを撮影して恋に落ちたというストーリーが思い浮かび、ハッとさせられます。

過去にはオリンパスの一眼レフで「キミが好きだと言うかわりに、シャッターを押した。」という福田恭夫さんの名コピーがあります。

このように、まったく別の世界の言葉をぽこっと入れてみることで、とても言葉は届きやすくなります。

たとえば前述の「YESと言い続けてたら、警察がきた。（ECC外語学院）」というコピー。

「警察」という言葉は英会話学校とかなり遠い存在の言葉だし、そもそも広告のコピーとしてはまったく使えない言葉だと思うけれど、それをあえて入れてみることで、ぜんぜん違うキャッチコピーになったという一例です。

それをたとえば、

「ＹＥＳと言い続けてたら、荒野で降ろされた。」

としてみる。すると、外国でタクシーに乗っていてまったく知らない土地で降ろされたというシチュエーションが浮かんできます。さらにそれをレストランでやってみると、

「ＹＥＳと言い続けてたら、ハンバーガー１００個きた。」

注文がうまくできなくて失敗したという話になります。

じゃあ今度は、「ＹＥＳ」を「ＮＯ」に置き換えてみるとどうだろう？——


そんなふうに言葉を置き換えたり、まったく別世界の言葉に置き換えてみると、言葉が磨かれていきます。大胆に、やればやるほど。

ブログや原稿、企画書の文章などで、言葉の重複を避けたり、比喩を使うことでより印象的な言いまわしを追求するのも大事なことだと思います。これもある種の言葉の置き換えです。

ただし、類語辞典で調べて片方を似た意味の言葉に置き換えてみても、しっくりこ

ないときがあります。

そういうときはその一文の意味を考えてください。何が言いたいのかを徹底的に考えるのです。それを突き詰めると、単語の言い換えだけではなく、言い回しのバリエーションが増えるのではないかと思います。

同じ言葉を使わないことではなく、同じ表現にならないこと、が大切です。

33

自分が動いた言葉で書く。

言葉というのはとても力があって、誰かの言葉で自分が変わったり、逆に言った自分が意図しないことで相手が動いたりすることがよくあります。

前者で言うと、江ノ島に撮影に行ったときのことです。

鮮魚店を舞台にCMをつくったのですが、店内になんと井戸があって、ご主人が井戸の天然水で魚をさばいていたのです。

「水に塩素が入っていないから味がよくなるんだ」とご主人は教えてくれました。

それから僕の魚を見る目も変わったし、鮮魚店を見る目も変わりました。

後者では、長野県の駒ヶ根市でごまをつくっている友人から聞いた話です。彼によると、国内で出回っているごまの99・9％は輸入品で、国産ごまはわずか0・1％だと言うのです。「駒ヶ根産のごまをもっと広く知ってもらうためにはどうしたらいいと思う？」と彼は僕に尋ねました。

それで何の気なしに「信州ごまというブランドをつくったらいいんじゃないかな」と答えました。

ごまに地域名をつけていることで国産というのがわかります。また信州でごまを生産しているというのはほとんど知られていない事実なので、まず「信州のごま」を広め、次に「信州のごまといえば駒ヶ根産」というのを伝えていけばいいのではないかと思ったのです。

つい先日、彼から連絡がきて、「信州ごまの商標を申請した」と言われました。自分がぽろっと言った話が実現化のスタートを切ったというのは、とてもうれしい経験でした。

このように人はまったく知らなかった事実、言葉に動かされます。みなさんも思い当たる経験、ありますよね。

コピーも、人を動かす言葉の力を信じて使わないといけません。

たとえばある企業から新商品が発売されるとします。まずはその商品を見て、「自分がどういうポイントで心が動かされるのか」を徹底的に考えるのが一番大事です。

自分が動かされた言葉が、ビジネスを動かします。

そこから新商品の魅力や事実を伝えるためにどういう媒体を使うか、どういうキャンペーンにするか、ＣＭでどういう人を使うか、どういうターゲットにするかというのが決まってくるのです。

企画書も一緒で、「自分がやりたいと思う企画書」が、相手の気持ちを動かすと思います。やはり自分がつまらないと思っている企画をプレゼンされても、人の気持ちは動かせない。

事業投資の話があるとします。

その巨額な投資について、メリットとデメリットを記した企画書があるとします。会社や組織のさまざまな事情があると思います。

でも一番大事なことは、あなた自身がそれを買いたいと思うかどうかです。個人的に無理な金額でも、あなた自身がこの投資案件に惹かれた理由は何か、それを自分に徹底的に問うことです。それが出発点なのではないでしょうか。

ビジネスというのは自分の生活と地続き、自分の財布と地続きである、ということを意識してください。その視点があれば、ビジネスにつながる言葉が必然的に生まれてくると思います。

34

「外してるけど、おもしろい」を目指す。

電通の会議室は常に笑いが起きています。

僕の席は会議室の近くなのですが、笑い声が頻繁に聴こえてくるので、どれだけおもしろい話がなかでされているのだろうと思うと、いてもたってもいられなくなります。

会議は面倒でつまらなくて時間のロスではない。会議は実はとてもおもしろいものなのです。

コピーライターになりたてのころ、僕が出すのはマジメな案でまったく笑いは起きませんでした。でも先輩が「こういうコピーなんですけど」と出すと、わっと笑いが起きるのです。そうすると、その案はいつの間にやらロジックを超え、「これおもしろいから提案しようよ」ということになり、提出してみたらクライアントにもウケて、結局世の中に出ていくこともある。

「まずその場にいる人を笑わせる」

というのは、コピーが間違っているか正しいかは関係なくて、届くかどうかであり、わかりやすい判断基準だと思います。

自分が伝えたときにその場の空気をおもしろい方向に変えられるか、どんどんやってみたらいい。笑ってもらえれば快感になるし、自信にもなると思います。

電通のクリエーティブの会議ではなかなかお見かけしませんが、議論の場で正論ばかり言う人はけっこういるようです。間違ったことは言ってない、おっしゃっていることは隅から隅まで正しい。

でもそういう人からは人は離れていくという話を、心理カウンセラーの知人から聞いたことがあります。

つまり、正論は人を動かさない、ということなのではないかと思うのです。

「外してるけど、おもしろい」というのは、ストライクゾーンを微妙に外すことで、受け手の意外性を刺激するという力があるのだと思います。

たとえば不動産や銀行のような手堅い案件ほど、やわらかい言葉のほうがクライアントにフィットすることがあります。保守的になればなるほど正論が出てくる世の中ですから、そんなときほど「ストライクゾーン甘めのゆるい球」を意識するほうがよいのではないでしょうか。

「正しいけど、つまらない」は、コピーにとっては致命的です。

いや、コピーだけではなくすべての言葉、もっと言えばすべての商品や製品やアイデアにとっても致命的です。だから、「外してるけど、おもしろい」を目指すこと。そうすれば、伝わる言葉、印象に残る言葉が生まれます。しかも不思議なことに、「外してるけど、おもしろい」を繰り返していくと、「正しくて、おもしろい」が出てくるようになります。トライ&エラーでブラッシュアップが可能なのです。

35

すべてをホスピタリティーで考える。

ちょっと概念的な話になるかもしれませんが、誰もがみんな言葉で仕事をしているのではないか、という気が僕はしています。

たとえば街の不動産屋さんも言葉で仕事をしています。

駅から徒歩20分の家にお客様を案内するときに、「徒歩20分です」と馬鹿正直に言う人はいません。「車で3分。駐車場がついてこの賃料です」とか「バスだと5分。しかも家の目の前がバス停です」とか、駅から遠いデメリットを違う言葉で表現します。キッチンが狭くても「使い勝手がよいです」、立地が悪くても「二重ガラスになっていて静かです」と、いろんなネガティブな面をポジティブに置き換えて話すわけです。

調剤薬局の薬剤師さんも言葉で仕事をしています。

薬の説明をするだけではなくて、やはり患者さんの表情や様子を見ながら、「今日は寒いですから、ぬるめの白湯で飲んでくださいね。体を温めるのも大事ですよ」などとコミュニケーションをとりながら、薬を手渡しています。ひと言添えることが、言葉のホスピタリティーになります。

仕事には常に言葉がある。

すべてのビジネスは、言葉で行われているのです。

人はどんな言葉を相手に投げかけたらそのビジネスがうまく進むのか、というのを考えます。その際に「言葉のホスピタリティー」を考えるとうまくいくのではないでしょうか。

粘る

コツ10

それは「いかに相手のことを思うか」ということに尽きると思います。タイミングもあるし、言い方もあるし、抑揚もある。相手に「前例がない」と言われたら、「そうですね、確かに前例はないです。でも前例のない未来を切り拓《ひら》けるのが御社なのだと思います。私も一緒に頑張ります」と相手の言葉を肯定し、なおかつ励ますというのだって、言葉のホスピタリティーです。

プレゼン用に社内打ち合わせをしていると、「これおもしろいけど、どうやってクライアントに納得してもらえるかな」という話は頻繁に出ます。そのとき、目の前にいるクリエーティブ・ディレクターを納得させられたら、クライアントにも納得してもらえる説明ができる。そうやって打ち合わせを繰り返すことで、プレゼンの想定問答集ができていきます。

その際、いかに相手のことを思うかが基本原理です。

相手のことを思うというのは、言葉にしてしまうと誰でもできそうな気がするのですが、けっこうむずかしいものです。

僕の場合は、とにかく相手の人を肯定してみる。その人のどんな発言も「一度は肯

す。

もちろん商品の場合は、「自分がその商品の一番のファンだ」という気持ちでいま
定してみる」というのを心がけると、会話も引き出せる実感があります。

まず肯定してみる。そして、新しい視点からそれを見てみるのです。

学生時代の夏休みに外資系投資銀行のゴールドマン・サックスでインターンシップをしたことがあります。

働いている人たちは本当に優秀で、会話に出てくる金額も桁違いのすごい会社でした。そのときに、世の中に出たひとつのニュースをいろいろな視点で考えてみるということを学びました。このニュースは誰にとってよいニュースなのか？　誰にとって悪いニュースなのか？　みんなはどう反応するのか？　この次にどんなことが起こりそうか？　そもそもなぜこれがニュースになったのか？

ひとつのニュースに対してグリグリ考えていると、新しい視点がつぎつぎと生まれていきます。視点はまさに価値を生み出す源泉。視点によってものごとを理解する深度が増すわけです。

だから好き嫌い、得意不得意で決めずに、何でも一度受け入れてみて、考えてみるのがいいと思います。いつかその経験は必ずあなたの財産になります。

36

72秒でひとつ書く。

コピーの打ち合わせまであと2時間。「これだ！」というコピーはまだ書けていない。……というか、別の仕事に手間どって、まだひとつも書いていない。デスクで呆然としている僕を見て、あるクリエーティブ・ディレクターが声をかけました。

「そんなの、2時間で100個ぐらい書けるだろう」

実際にあった話です。2時間で100個ということは、72秒でひとつ書かないと間に合いません。そんなことができるのでしょうか？

実は訓練をすれば、72秒でひとつ書くというのは誰でもできるようになります。できないのは訓練をしていないいからできないだけなのです。

ポイントは、ふたつあります。

①視点の切り換えスイッチを高速で動かす。

②表現の言い換えスイッチを高速で動かす。

「書くコツ」でも書いていますが、視点の切り換えを高速でやるためには、自分のなかに常に○○の視点、△△の視点というフォーマットを複数持っているのが大事。そこに表現をかけ算していくことで、72秒でひとつ書くことは可能です（ただ、それを続けることはむずかしくて、考えているうちに思考があっちに飛び、こっちに飛び、なかなか2時間も集中して書けないのですが……）。

表現に行き詰まったときは、以下のような方法を意識してみると、表現の言い換えスイッチが入ります。

●他のものに喩えると？

だって、美容室でも歯医者さんでも、

マンツーマンじゃないですか。（Ｇａｂａ　マンツーマン英会話／児島令子）

英会話をマンツーマンで習う。それをみんなが知っている他のものに喩えることで、「言われてみればそのとおり！」という共感を引き出していますよね。コピーのお手本のようなコピーだと僕は思います。喩え話で相手の心をキャッチする。訓練すれば誰にでもできる有効なテクニックだと思います。

●命名してみると？

今までのシェーバーは、ヒゲをちぎり切っていた。

（松下電器産業　ＬＡＭＤＡＳＨ／川上毅）

電気シェーバーのコピーです。男性の方は、思わず顎が痛くなりそうですね。「切れ味が悪い」ことを、「ちぎり切っていた」と命名することで、読み手の興味がグッと高まります。みんなが思っていることを、みんなとは違う言葉で命名してみる。それこそが、コピーライターの腕の見せどころです。

●擬人化してみると？

紙クズは、もう一泊します。（帝国ホテル／川辺京）

帝国ホテルのきめ細かなサービスを、「紙クズ」という切り口で表現したコピーです。部屋のゴミ箱に入っていたものですが、お客様が間違って捨ててしまったものかもしれない。万が一のことを考えて、ゴミはもう一晩保管しておく、という内容です。一流ホテルならではの、ウィットの効いた言い方だと思います。

◉組み合わせてみると?

何も足さない。何も引かない。

（サントリー　ピュアモルトウイスキー山崎／西村佳也）

ウイスキーのコピーは、それだけで一冊の本が書けそうなほど、名作揃いです。なかでもこのコピーは、この組み合わせ以外の組み合わせがあるのだろうか？　と思ってしまうほど、言葉の組み合わせが秀逸です。「何も足さない。」だけでも成立しないですし、「何も引かない。」だけでも成立しません。両方が組み合わさって、極上のコピーができ上がりました。

区切りの数字として「１００個」というのはよい数字です。

電通に入社してすぐに言われたのが「とりあえずコピー１００個書いてきなさい」

のひと言でしたが、経験的に１００という数字はアイデアを考える量として適切なのではないかという気がします。

やった経験がないとそれは多く感じられますが、実際にやってみると、１００個でも少ないのではないかという気もするくらいです。


たとえばネーミング。

新しいドリンクを世に出すという商品開発において、コピーライターがその初期段階から参加する場合もあります。

そうするとネーミングは、うまくいけば5年10年残っていくわけで、そのネーミング出しだけでも、気が遠くなるほど候補を出してようやくひとつに決まるという世界です。

１００だと本当は少ない。感覚的には５００個以上出して、ようやく決まっていくような気がします。でもひとまず土台に乗るという意味では１００が適切なのかもしれません。

１００だと多すぎて、ポイントが絞れなくなり選べなくなるのではないか、と思う方もいるかもしれません。

でもそれも10個はこういう切り口、もう10個はこういう切り口と分類し、おのおのの切り口のなかから一番よいコピーを決め、再度並べてみると、ベストが決まっていくのです。騙《だま》されたと思って一度トライしてみてください。

37

わかりやすくしすぎない。

広告業界では「これは偏差値が高いんじゃないか」という表現をします。つまり言っていることがわかりにくく、伝わりづらいのではないかということ。

でも、それをわかりやすい表現に修正していくと、失うものも多いというのも事実です。

冷蔵庫が欲しい、車が欲しい、という時代は、わかりやすいコピーが伝わりやすかったかもしれない。

でもいまは違います。

もう少し小説的というか物語的というか、「わかる人にはわかりそうだ」という部分、受け取った人がいろんな解釈をできる部分をあえて残しておくほうが、伝わるのではないかと思うのです。

次ページは「東京マラソン2013」でつくった、駅貼り用のB倍ポスターです。

見ていただければおわかりのとおり、言葉が主役ではなく、ビジュアルが主役です。

ただ、ビジュアルを見ても何のポスターなのか一見わからない。ここに

東京を走ってる人に後ろ向きの人はいない。


というコピーが入って、「東京マラソンに参加するランナーのみなさんを応援するためのポスター」であることがわかります。

しかもちょっとした遊びもあります。

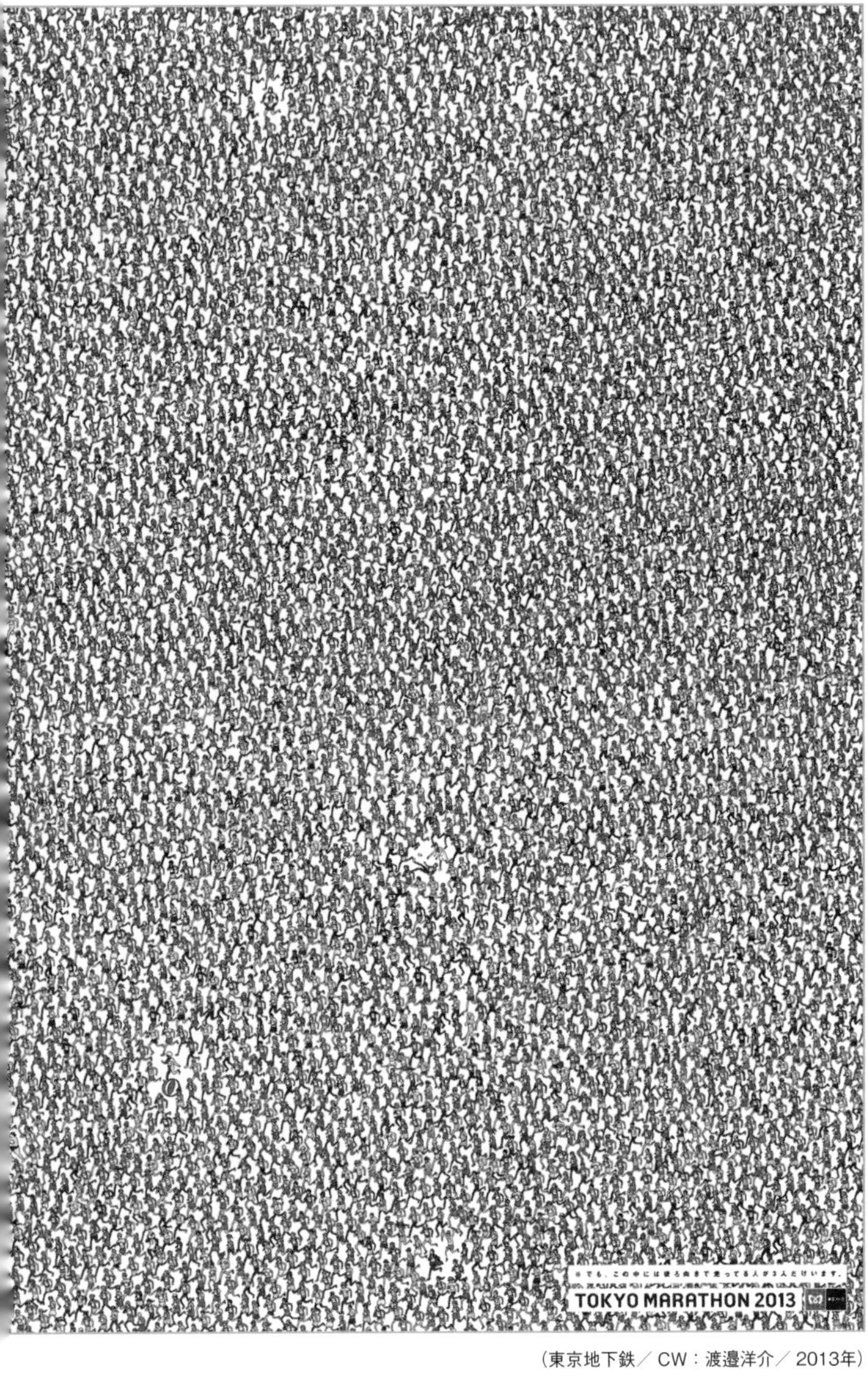

（東京地下鉄／ CW：渡邉洋介／ 2013年）

粘る
コツ10

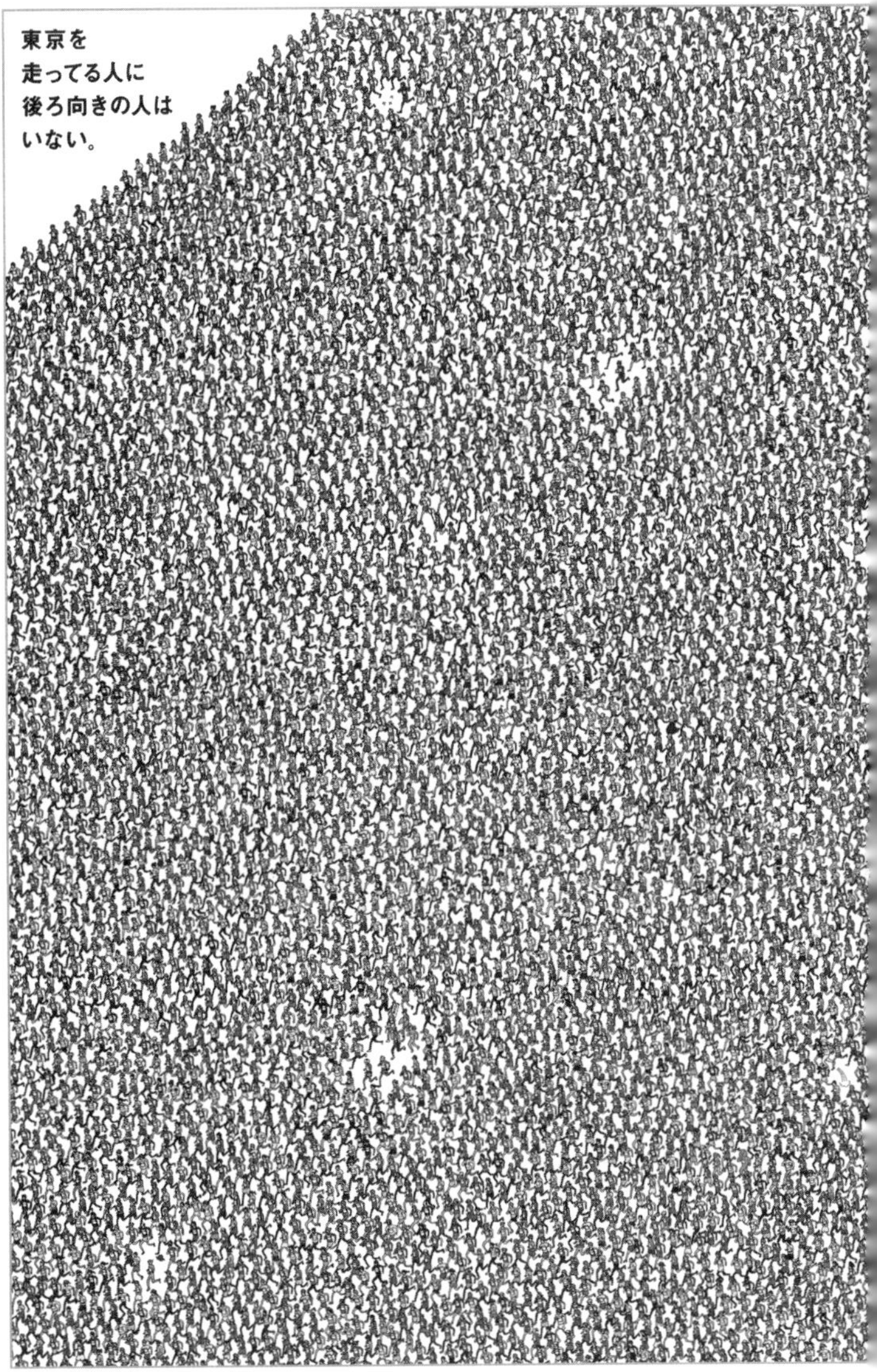

注釈に「※でも、この中には後ろ向きで走ってる人が3人だけいます。」というのが入っているのです。

ほとんど『ウォーリーをさがせ！』の世界ですが、より人がポスターの前で立ち止まるコピー的な仕掛けがあってワクワクすると思います。

普通のビジネスシーンだと、「わかりやすく」と言われがちかもしれません。

そのわかりやすさは、単純にわかりやすい言い回しにすべきなのか、おもしろくないということなのか、伝わりにくいということなのか、日本語が変なのか、相手の言葉の意図を汲みとる必要があります。

ただ、なんにせよビジネスをよく見せるためには、常に表現を工夫する必要があるでしょう。

ビジネスに必要なのは、わかりやすさではなく、相手の心が動くかどうかです。心を動かす、ということを一番大切に考えて、そのためにいろんな工夫を考えると、言葉も、ビジネス自体も、答えが自ずと出るものなのだと思います。

38

言葉の置き場所をイメージして書く。

たくさん書いても、いまひとつよい視点を見つけられないことがあります。そんなときは、その言葉がどういう場所に置かれるのかをイメージしながら書いてみると、新しい視点が見つかります。

たとえば駅のビルボードという大きな看板に出す場合と、新聞の小さな広告スペースに出す場合と、WEBサイトに出す場合では違う。東京のような大都市なのか、長野県の地方都市（僕の出身地です）なのかでも、まったく違う。もちろん朝に新聞を見る人の気分と、夕方の満員電車でスマホで見る人の気分も違う。

そういう置き場所をイメージしたほうが、強い言葉、伝わりやすい言葉になっていくのです。

次に挙げるのは長野県須坂市にある「恋人の聖地 須坂アートパーク」で毎年行われている「須坂イルミネーションフォレスト」の2013年版のポスターです。

言葉の置き場所としてのポイントは、
①ポスターが貼られるのは長野県須坂市周辺の街中
②毎年のイベントで、「恋人の聖地」という言葉が最初にありきということです。それで、イルミネーションに集まってきた恋人たちを見て、森にいる動物がひと言つぶやく、という発想でポスターをつくりました。
まずはウサギのビジュアルを使ったポスターです。

足音が聞こえる夜は
さみしくないのです。

（須坂市文化振興事業団／ CW：渡邉洋介／ 2013年）

（須坂市文化振興事業団／ CW：渡邉洋介／ 2013年）

シカをビジュアルに使ったポスターもつくりました。

モジモジしてたら、
蹴りとばしちゃうよ。

37で「わかりやすさだけでは心は動かない」と書きましたが、これもストレートにはわかりにくいけれど、ちょっと行間のある言葉で伝えることを試みています。

置き場所をイメージすると、誰が見るのか？　いつ見るのか？　どこで見るのか？　何を見るのか？　なぜ見るのか？　どうやって見るのか？　という5W1Hがはっきりしてきます。それをきっかけに発想がさらにふくらんで、いつも使っているような言葉とは違う言葉が生まれます。普段から考えているわけではないのに、場所を決めた瞬間に思いつきはじめる。これはとてもおもしろい現象だと思います。

企画書なども、最初のプレゼン用なら背景をまったく知らない人が読んでもわかる企画書を考えるでしょう。でも3回目の事情を詳しく知る現場の人たちのために行うプレゼンなら、とにかく何をやりたいか、そのためには何が必要かわかるシンプルな企画書のほうが伝わる。そこを想像しないで企画書をつくると伝わらない。

だから、いつでも何か言葉を紡ぐときは、その置き場所をイメージして書きはじめてください。

39

設計図からブレない。

05でパソコンより紙に書くほうが、俯瞰できるし設計図がつくりやすい、という話を書きました。

たとえばこのポスターの存在意義は何か、どうしたらクリエーティブ・ディレクターやクライアントを納得させられるかを考えるとき、その企画の全体を網羅する設計図が絶対に必要です。

そして、設計図は、スタートからゴールまでブレないというのが大前提です。

商品はどういうモノで、それを使う人をどういう気持ちにさせるのか、そこをつなぐためのコピーは何なのかを考えて、Aもやりたいけど Bもやりたいとか、Cもあるかも、と目的がブレてくると、設計図自体がブレて、伝えたいことが伝わらなくなる怖れがあります。

「須坂イルミネーションフォレスト2013」のポスターを例に挙げると、恋人に言いたいのだけど、家族にも言いたい、実は子どもにも来てほしい、というふうになってくると、どんどんと表現が丸くなって、「須坂イルミネーションは今年も綺麗です。」のつまらないひと言で終わってしまう。

それはみんなに伝えているようで、みんなから無視されるということになりかねないのです。

ターゲットが決まっているのに、欲を出してブレてしまうというのは、広告に限ったことではありません。

もちろん欲は出してもいいのですが、出た分をどこかでばっさり断ち切る瞬間が必要です。少しでも迷ったり不安がよぎったりしたら、スタートのコンセプトに立ち戻って考えることを何度でもしたほうがよいと思います。

経営者にとっての設計図は事業計画書ですが、作成する意義は、やはり書くという行為自体にあると言います。

考えているときはよいアイデアに思えても、実際に文章に書き起こしたり、書くためにいろいろと調べたり検討した結果、あまりよいアイデアではなかったことに気がつくこともある。

やはり人は、頭のなかにぷかぷか浮かんでいることを文字にすること、言葉にすることで、ビジネスを成功に導いているのでしょう。

設計図を言葉にすることとの重要性は、スポーツ選手にも当てはまるそうです。

ロサンゼルス・ドジャースの名スカウト、小島圭市さんはＷｅｂ雑誌『ＮｕｍｂｅｒＷｅｂ』（２０１１年1月10日付／文藝春秋刊）のインタビューで「早くメジャーに上がることが重要ではない。それを競っているのではない。むしろ、40歳で野球ができるような選手になるべき。一度上がったら、二度と落ちないくらいのものを身につけてから、上がっていくのがいい。40歳のときにどうなっているかで野球選手としてどうなのかが決まる。」ということを、日ごろから20代の選手に伝えているそうです。「40歳で野球ができる」という具体的なゴールをつくることで、ブレないトレーニングができるのだと思います。

あなたが事業計画書を書く立場になくても、いま抱えている企画をどのように進めればいいのか、設計図を実際に書いてみることをお勧めします。

そして何度かブラッシュアップして完成したら、つまりスタートとゴールがきっちりと見えたら、よそ見をせずに、欲を出さずに、前へと進んでいきましょう。

40

情感で、理屈を超える。

これまで、設計図をつくる、相手の気持ちを読む、商品の本質を見極めるなど、計算が絶対に必要ですという話をしてきました。

しかし、一方でその計算だけで人は動かないというのはひとつあって、よい表現というのは理屈を超えて生き残っていくという事実があります。

コピーライターの吉岡虎太郎さんが書いた、

このままじゃ、私、可愛いだけだ。（朝日新聞）

では、新聞を手に持ち、何かを考えているような表情の女子高生が描かれます。理屈で言うと「若い人にもっと新聞を読んでほしい」なのですが、新聞という業種を超えて、たとえば辞書や学習塾などのコピーとしても機能しそうな普遍性のある言葉です。

前述の「地図に残る仕事。大成建設」というのも、理屈で言ってしまえばどの建設会社にも当てはまるコピーです。

でもその言葉は人の心にがっつりと残るし、共感される。子どもがいるお父さんにとっては「パパの仕事は地図に残る仕事なんだよ」とひと言で言える。

それは理屈を超えてとても素晴らしいし、大成建設は「そういうことを最初に言えた建設会社」というポジションを築いたわけです。

理屈はあとからどんどんつけられるもの。

それよりは最初に人の気持ちが動く一番よいものを考えることが必要だし、そういうものほどあとあとに残っていくと思います。

何か提出するときは、理屈で納得させられる案があったとしても、「こんなことも言えますよね」と情感に訴えるものも出せばよいと個人的に思います。

伝える立場としては常に考えてどんどん提案すべきなのです。それが仕事の信頼につながる。3案考えて1案しか世のなかに出て行かなくても、「他の2案もとてもよかったですね。正直決めるのが大変でした」と言われれば、次につながるのですから。

クライアントの伝えたいことが固まっているときも、情感という爪痕を残すのが腕の見せどころ。早々に諦めてはいけません。

情感を鍛えるためには、自分が感動したものを題材に、その感動ポイントをはっきりと言葉にして書いてみることが大事です。

僕の場合は「この映画いいな」と思ったときに何がよかったのかを振り返り、理由を言語化するようにしています。

たとえば一番好きな映画はハンフリー・ボガートとイングリッド・バーグマン主演

の『カサブランカ』。

感動したポイントを言葉にすると、最初はクールに振る舞っていた主人公が、物語が進むにつれて情に厚い人間として行動していくこと。ただのラブストーリーではなく、最後は愛する人の幸せだけを考えて、主人公が大きな決断をすること。登場人物たちの対立関係が見事に決着し、張り巡らされていた伏線がきれいに回収されることです。

心が動くポイントが何なのかわかったら、今度はそれを日々の仕事で実践できないか考えるようにしています。最初と最後で印象の違う言葉、決断の瞬間を言い当てた言葉、対立関係の決着を表現した言葉、話がふくらむような言葉や本質的な感情が読後感として残る言葉を探してみるのです。

情感のある言葉には、理屈を超えて心に届くチカラがあります。

語る

コツ
10

41

自分で自分を縛る。

何かを伝えるとき、自分自身で制約をつくってから考えると、発想が広がりやすいです。

たとえばラジオCM。ラジオは制約条件の固まりみたいなものです。

まず映像がない。耳に入ってくる音だけで何かをつくらなければいけない。

しかし、意外にそういう制約条件があるほうが、おもしろい話ができたり印象深い話ができたりします。

これはキヤノンの一眼レフカメラのラジオＣＭ（20秒）です。警部とその部下の会話で構成されています。

部下：警部、これが証拠写真です。

警部：うーん。これじゃダメだ。

部下：えっ、なぜです？
　　　犯人がちゃんと写っています。

警部：ピントが甘すぎる。

部下：でも顔はわかります。

警部：構図もこれじゃまるで素人だ。

部下：え、構図？　……構図ですか？

ＮＡ：こだわる人に。

ＳＥ：カシャ（シャッター音）

ＮＡ：EOS Kiss X 3。キヤノン

※ＮＡ＝ナレーション
　ＳＥ＝効果音

（キヤノンマーケティングジャパン／ CW：渡邉洋介／ 2009年）

もしテレビＣＭであれば、写真が映ってしまうことでネタバレしてしまって、視聴

者にすぐにツッコミされてしまいます。

でもラジオCMは画の制約がないので、どういう話がこれから展開するのか、なんでこんなことを喋っているのか、続きが聞いてみたくなる。その「続きを聞きたくなるようなセリフ」がおもしろさの秘訣。

このように、制約条件があることによって、おもしろい話やストーリーができるのです。

ラジオCMだと制約条件（画がない）は自動的にできるわけですが、何かひとつものごとを考えるときに、自分で制約条件をひとつつくるとおもしろいアイデアが生まれます。

NHKの『ドキュメント〝考える〟ベストセラー作家　石田衣良の場合』という番組は、石田さんの創作過程を追ったドキュメンタリーです。

その番組内で、石田さんはNHKからミッションが与えられます。それは、48時間以内に「自殺願望のある少女が自殺をやめたくなるような童話をつくる」こと。しかもその際に、広辞苑をパッと開いて指差したところで見つけた3つの言葉を必ず使わなければならないというのです。
その3つのキーワードが、「がちょう」「草書」「光学」でした。まったく関係のない言葉を、これから書く童話のどこで使うのか？　僕はとてもワクワクしながらテレビを見ました。印象的だったのは、石田さんが、先にストーリーを考えてそのどこかに3つの言葉を入れこんだのではなく、与えられた3つのキーワードからストーリーを発想していったことです（もちろん石田さんは、48時間以内で見事に童話をつくりあげました！）。

小説や映画もそうですが、見る側聴く側の想像力、イメージをかき立てるもので画が組み立てられていくというのは、つくり手にとっても醍醐味です。

たとえばファーストフードの新規ビジネスで新しいアイスを売る際に、「企画書ではアイスという言葉を使わない」という制約条件を決めてみます。
そうするとアイスを別の言い方で表現しなければいけない。「冷たいデザート」「夏になると需要がある」「冬はこたつで食べたくなる」など周辺から説明すると、「アイス」とストレートに言うよりもずっと人の想像をかき立てるわけです。

あるいは店頭販売では「カップルにしか売らない」という制約条件をつくってみる。これだけで、コンセプトが立ってきます。現実的には無理でしょうが、「カップル限定のアイス」ってどんなだろう？　と考えていくと、思いもかけないサービスが発見できるのではないでしょうか。

そういうふうに一度、自分を自分で縛ってみる。制約条件をひとつつくることで、ものごとやビジネスのストーリーは際立っておもしろくなると思います。

42

時間軸を編集する。

仕事先から帰ってきた夫に妻が「今日はあれしてこれしてこういう一日だった」と話すとほとんど聞いてはもらえません。

でも「今日すごくビックリしたことがあって。何だと思う?」とか「私の人生で一番ビックリしたかもしれない!」という話し方だと耳を傾けてくれるでしょう。

時間軸は編集できます。

相手が一番注目しやすいところから話を始めると、聞いてもらえるのです。たとえ意識していなくても、人は経験的にこのような話し方で相手の注意をこちらに向ける努力をしているはずです。

つまり、時間軸を変えるのは、伝える技術として有効です。

次に挙げるのは、一般社団法人ＢＯＡＴＲＡＣＥ振興会のラジオＣＭ「筋書きのないドラマ篇」（20秒）です。

男：彼女と一緒に
ボートレース場で
デートしたのが３年前。

ＳＥ：ブーン（ボートのエンジン音）

男：いま、彼女は、
レーサーと付き合って
いるそうです。
Ｍ～

ＮＡ：筋書きのないドラマを。
ボートレース場に行こう。

※Ｍ＝音楽

（BOAT RACE／CW：渡邉洋介／2012年）

ここでは3年前を思いだしている男が、ブーンというボートのエンジン音でいきなり現実を突きつけられる、という時間軸のジャンプをしています。
コピーでも、いまから過去へジャンプ、いまから未来へジャンプするのは自由自在です。

十年後の夏、また泣いた。（新潮社　新潮社文庫の百冊／糸井重里）
朝刊よりはやい　夕刊フジ（産経新聞社　夕刊フジ／丸山博久、髙崎卓馬）
駅に着いた列車から
高校生の私が降りてきた。（ＪＲグループ　青春18きっぷ／佐藤澄子）
20世紀に、置いてゆくもの。
21世紀に、持ってゆくもの。（シャープ　ウィンドウ／一倉宏）

ビジネスの企画書でも、「現状はこうです。だから将来こうしましょう」というのが通常だと思いますが、たとえば「未来を想像してください」といきなり将来の話からスタートする。

「こういう未来、いいと思いませんか。そのための提案はこれです」というような言い方ひとつで、相手の想像がふくらみます。

または「3年前を思い出してください。3年前といま、課題はどう変わりましたか」という言い方をすれば、時間の流れで課題の大きさや達成度をイメージできるかもしれません。

最後にもうひとつ。開高健さんによるこんな時間軸の飛び方は豪快で傑作です。

バスが来た。トリスを飲む。
山が見えた。トリスを飲む。
川があった。トリスを飲む。
女が笑った。トリスを飲む。
灯《ひ》がついた。トリスを飲む。

課長が転《ころ》んだ。トリスを飲む。
目がさめた！　家にいた！　（サントリー　トリス）

43

置き換えてみる。

何かと何かを置き換えると、おもしろいストーリーの匂いがしてくるものです。たとえば、鳥の鳴き声と人間の喋り声を置き換えてみる。父と娘を置き換えてみる。物干し竿とバーベルを置き換える。オフィスとゴミ捨て場を置き換えるなど、置き換えの表現はいくらでも出てきます。

以前、東伸ビルディングというビルのメンテナンスなどの管理業務を行う会社のラジオＣＭをつくったことがあります。

上司が新しく入った部下にいろいろな指示を出しているという想定です。

SE：（オフィス）
上司：おい、新人、テーブルが汚れているぞ。
上司：おい、新人、蛍光灯が切れているぞ。
上司：おい、新人、トイレがびしょびしょだぞ。
上司：おい、新人、会議室にツバメの巣があるぞ。
上司：おい、新人、床からキノコがはえてるぞ。
（フェードアウト）
NA：本業がおろそかになっていませんか？
ビルのメンテナンスは、
東伸ビルディングにお任せください。

（東伸ビルディング／CW：渡邉洋介／2012年）

20秒という短い時間のなかで「ビルのメンテナンス」を説明してもわかってもらう

ことは不可能です。

ではどういうふうにインパクトのある表現で印象づけるか、ビルのメンテナンスと言えば「東伸ビルディング」と覚えてもらえるかが、このCMの勝負どころです。そこで、新入社員の仕事がオフィスの掃除ばかりになってしまい、本来やるべき仕事に集中できないという状況を描くことにしました。


このCMの場合の「置き換え」は、テーブルが汚れているとか蛍光灯が切れているという普通のメンテナンスから逸脱し、さらにひどいことに置き換えるというテクニックを使いました。

会議室にツバメの巣があるというだけで、とんでもないひどいビルだという画が浮かびます。床からキノコも同じで、山の中か？　というくらい、ずっと何年も人が使ってなさそうな汚れきった床というのが瞬時に想像できます。

このように誰も思いつかない、ちょっと常識と外れたことに置き換えてみると、ストーリーは魅力的になるのです。


ラジオCMは画が見えないぶん、聴いている人に画を自由に想像してもらえるというのがおもしろいところです。

そのためには、エスカレーションではなく、ジャンプが必要。繰り返しのテクニックの場合はそれが有効です。1回飛んだら、次はその倍、その次がさらに倍と、倍数で飛ぶ感じです。飛躍の度合いがおもしろさにつながるのです。

44

異物を放り込む。

テレビをぼーっと見ていて一瞬、「ん？　いまのなんだ？」という感覚になったことはありませんか？　いつも見ている映像とは違う、心にザラッと残るような感触。記憶の片隅に残るようなＣＭは、そういう異物感があったりします。

次に挙げるのは、小学館の雑誌『美的』と、トヨタ自動車のヴィッツとのコラボレーションから生まれたＣＭです。

『美的』は美容系コスメ雑誌、ヴィッツはＵＶカットガラスのある自動車で、美容と

（トヨタマーケティングジャパン・小学館／ CW：渡邉洋介／ 2012年）

UVカットの親和性が高く、コラボが実現しました。

コンセプトは「70年代の化粧品メーカーのCMへのオマージュ」。そのころは、アイドルが海辺で彼氏のサーフィン姿を眺めているような映像が流行っていたので、その感じをエッセンスとして使っています。紫外線にひっかけて、「紫色の潮風」という曲も作詞しました。

ストーリーはこうです。昔のアイドルみたいな可愛い女の子が海辺にいるのですが、カメラがスッと引くと、白衣を着た医師が「紫外線はお肌の大敵」と書かれたボードを持ってたたずんでいます。主人公には医師は見えないという設定です。

主人公はさらに彼氏と手を触り合ったりして楽しんでいるのですが、医師の持っているボードには「肌のコラーゲンを破壊します」と、ドキッとするような怖いことが書かれています。

でも最後にふたりがヴィッツに乗り込むと、医師は置いていかれて、『美的』という雑誌が出るという流れになっています。

異物を放り込むというのは、海辺に医師を出すという設定です。「肌のコラーゲンを破壊します」というような言葉を海辺というシチュエーションで言わせるというのも異物感です。

こうしてザラッとした設定や言葉を放り込むと、ストーリーは魅力的でインパクトのあるものになっていきます。

ちなみにこのCMにも制約がありました。雑誌『美的』に登場する美容専門家の先生を登場させたいというオーダーです。

誌面では写真だから素人でもオーケーですが、CMでは映像だから演技が必要になります。でもやはり演技の専門ではない素人に演技はむずかしい。ということは台詞を喋らせること、演技をさせることは、追求すべきではないなと考えました。

というわけで医師がボードを持ってビーチにいるというのは、それらをすべて解決してくれる設定でした。何もないまっさらな状態から発想したのではなく、いろんな制約があるなかで、アイデアを重ねていったらこういうCMになったのです。

45

常識をひとつ外してみる。

常識の要素をひとつだけ外すと、届きやすい表現になります。

「諺」や「慣用句」も常識のひとつです。

コピーライターは諺や慣用句をそのままは使いません。なにしろ言い古された言葉だし、人の心は動かない。

でもたとえば「早起きは三文の徳」という諺を、「早起きは300億の徳」とか「早起きは三文の大損害」という言葉に変換すると、ちょっと気になりますよね。べースにみんなが知っている表現があるからこそ、なぜそうなのか理由を知りたくなります。

これは、常識を外すことで「先が知りたくなる」という人の心理を刺激するからだと思います。

前述したフォルクスワーゲンの伝説の広告キャンペーン。そのなかで、ひときわ輝きを放つコピーがこれです。

Think small.

広い空間の遠くのほうに、ぽつんと置かれた1台のフォルクスワーゲン。自動車の広告なのに、その自動車がとても小さく写っているだけです。そこに「小さいことが理想」というコピー。「大きいことは、いいことだ」という当時の常識を、鮮やかに塗り替えたコピーと、車を大きく見せるという常識を外して小さくして見せるという画により、人々の記憶に強く残る表現になりました。

Think small.
Our little car isn't so much of a novelty any more.
A couple of dozen college kids don't try to squeeze inside it.
The guy at the gas station doesn't ask where the gas goes.
Nobody even stares at our shape.
In fact, some people who drive our little flivver don't even think 32 miles to the gallon is going any great guns.
Or using five pints of oil instead of five quarts.
Or never needing anti-freeze.
Or racking up 40,000 miles on a set of tires.
That's because once you get used to some of our economies, you don't even think about them any more.
Except when you squeeze into a small parking spot. Or renew your small insurance. Or pay a small repair bill. Or trade in your old VW for a new one.
Think it over.

（Volkswagen AG／1959年）

車つながりでもうひとつ。2013年に話題になったトヨタ自動車「オーリス」のCMを紹介します。

ターゲット層は「常識や潮流からあえてずらした選択をすることがおもしろいと感じる人たち」。魅力的なお尻のアップから始まるその第1弾CMでは、赤いパンツの後ろ姿に合わせてオーリスも後ろ姿のみを映して、視聴者の興味を引きます。

続く第2弾では、お尻を見せていた金髪の美女が登場、ウォーキングしながら後ろ姿で上着を脱ぎ、オーリスの前で振り返ると、胸元までもがあらわに……。

衝撃的なCMなのですが、実はこの美女、イスラエル国籍の男性モデルなのです。

コピーは吉岡丈晴さんが書いた、

常識に尻を向けろ。

NOT AUTHORITY, BUT AURIS.

というひと言でした。「常識に背を向けろ。」という誰もが知っている慣用表現をひねったもので、これほどまでに「常識」をひとつだけ外したコピーは見事だと思います。

46

対立させる。

ハリウッドの脚本術が書かれた本などを読んでいると、物語にはきちんとしたルールが存在することがわかります。

ヒーローがいたら、悪役がいる。カップルがいたらライバルがいる。ステキなシェフがいたらシェフの足を引っ張るオーナーがいる。いろんな話のなかで、A対Bの対立構造がある。

それは対立構造をつくれば話がおもしろくなるからです。

「結婚式がとり行なわれている。牧師の前に、ふたりのカップルがいる。カップルが誓いのキスをしようとする。」というのは普通の話。

しかし、ここに教会の入り口からひとりの男性が駆け込んできたという対立構造をつくることで、話が劇的になってくる。

さらに駆け込んできた男性が、タキシードを着ていたらどうなるか、あるいはチェーンソーを持っていたらどうなるかを考えるだけで話はふくらんでいく。ふたりだけの視点ではなく、第三者の視点が増えるだけで、この先どうなるんだろう？　と興味を持ってもらえます。


言うまでもなく、対立させるというのは先人たちが磨き抜いてきた手法で、名作もたいへん多く生まれています。

次に挙げるのは、コピーライター田中悠男さんによる１９６７年のソニーのテレビの広告です。

日本の生んだ世界のマーク
SONY®
アンチ
巨人派の方へ
巨人が負けると、鬼の首でもとったように喜ぶ人がいます
何ごとも易きにつくことを好まぬ個性派とでもいうのでしょう
しかし緒戦に敗れたとはいえ
「ことしも巨人」の下馬評が優勢
アンチ巨人派が口惜し涙にくれることになりそうです
そこでソニーソリッドステート77のおすすめ
ごひいきチームのボーンヘッドを巨人ファンに野次られることもなく
形勢不利になったらスイッチを切ってしまうのも勝手という
あなた専用のパーソナルテレビです
どんなクロスゲームにも決して熱くならない
シリコントランジスタを使った高性能回路
例え試合が延長20回に及んでも、眼が疲れないブラック・フェイス
もちろん、チャンネルのとりあいが起こる
「大型テレビ」を敬遠される方にもおすすめします
熱烈なる巨人ファンの方へ
ソリッドステート77は
あなたにとってもかけがえのないテレビです
背番号77をアンチ派に渡すことは
プライドが許さないでしょうから………
SONY® マイクロテレビ
ソリッド ステート 77 ¥35,800
WORLD FAMOUS SONY

（ソニー／ CW：田中悠男／『コピー年鑑 1968』<宣伝会議刊>より）

アンチ巨人派の方へ

巨人が負けると、鬼の首でもとったように喜ぶ人がいます
何ごとも易きにつくことを好まぬ個性派とでもいうのでしょう
しかし緒戦に破れたとはいえ
「ことしも巨人」の下馬評が優勢
アンチ巨人派が口惜し涙にくれることになりそうです
そこでソニーソリッドステート77のおすすめ
ごひいきチームのボーンヘッドを巨人ファンに野次られることもなく
形勢不利になったらスイッチを切ってしまうのも勝手という
あなた専用のパーソナルテレビです
どんなクロスゲームにも決して熱くならない
シリコントランジスタを使った高性能回路
例え試合が延長20回に及んでも、目が疲れないブラック・フェイス
もちろん、チャンネルのとりあいが起こる
「大型テレビ《ジャイアント》」を敬遠される方にもおすすめします

熱烈なる巨人ファンの方へ

ソリッドステート77は
あなたにとってもかけがえのないテレビです
背番号77をアンチ派に渡すとは
プライドが許さないでしょうから………

対立構造をつくることで、思わずニヤリとしてしまうコピーが完成しました。いまの時代にこの新聞広告が出たとしても、とても新鮮に受け入れられるのではないでしょうか。

対立させると、ストーリーがふくらみます。受け手の気持ちをワクワクさせます。自分で書いた文章がなんだかもの足りないなと思ったら、対立構造をチェックしてみてください。それが、伝え方を磨くコツのひとつです。

47

裏切りをつくる。

人は自分の想像を「どこかで裏切られたい」と思っています。

映画や小説でも、恋愛がうまくいきそうでいかないとか、殺人事件の犯人がまったく予想外だとか、必ず裏切りの仕掛けが盛り込まれている。人が思ったとおりになる映画や小説はたぶんおもしろくない。印象に残るのは、想像を超えたものだけです。

つまり裏切りはストーリーをつくるうえで、とても大事な要素と言えます。

さきほどの『美的』とヴィッツのコラボCMでも、医師が海辺でドキッとする言葉を言わずに「この人の肌は綺麗ですね」とか「私もこういう対策をしています」というボードを持っていると何の印象にも残らない。

ここでは人が言われたくない言葉を言うほうが、見た人がドキッとするわけです。

ボートレースのラジオCMの場合も、「彼女と一緒にボートレース場でデートしたのが3年前。」のあとに「その彼女と結婚して、いま隣にいます。」という展開だと、ものすごくつまらない。「ボートレース場はデートの舞台になります」というだけであって、よくある話だし、印象に残らない。

でもそこでレーサーに彼女をとられた話にすると、途端にこの話がおもしろくなります。

裏切るためには、見る人がどういうふうに思うか、聴く人がどういうふうに思うかを想像しないとつくれません。

その相手の人を想像しながらというのが、どんなシーンにも言えること。言葉を書くにしても、何かをつくるにしても、ビジネスのアイデアを考えるにしても、ブログを書くにしても、ホームページにアクセスさせるにしても、相手がどのような気持ちになるかを想像しないと、そもそも裏切ることはできないわけです。

ベースはやはり、相手がどういう気持ちなのかを想像すること。そこで初めて裏切りの仕掛けが効いてきます。

日常生活では人は思ったとおりにコトが運んでほしいと願っているはずです。(日々誰かに何かに裏切られていたら人生がめちゃめちゃになります。)

とはいえ、人の感情は常に揺れている。普段生活していても「オレはこれだ」「これしかおもしろくないんだ」というような確固たるものはそうそうなくて、とてもふわふわしている。急に入ってきた話に反応したり、意外性に憧れたり、思いどおりにいかないからこそ頑張れたりします。

結局、生活においても、思いどおりにならないことのほうが、印象深いし、感情が動きやすく、思い出に残っていくのかもしれません。

ただし、裏切りの強弱も大事です。受け手のことを考えたうえでの意外性が出ないといけない。独りよがりの意外性だと絶対に届きません。

誕生日やクリスマスに「オレはこれが意外だと思う」とプレゼントを渡して、相手に嫌がられるようなものを送ったら悪印象を残すだけですよね。やはり相手の本質、いま何が欲しいのかを知っていないと裏切れない。

これと同じことがビジネスにも言えて、相手の好みを知ることで、裏切りの仕掛けは効果的につくれるというわけです。

48

予測ルートを通らない。

『水戸黄門』は、毎回旅先で悪人が出てきて、誰かが困っていて、悪人を黄門様たちが成敗し、45分ごろに印籠が出てくる、という確固としたスタイルのある時代劇です。以前、あるディレクターが『水戸黄門』を2時間で1話にして、前編と後編を2週にわけて放送したところ、高齢者のクレームが続出。理由は「来週生きているかわからないのに、続きだなんてやめてくれ」だったそう。それくらい毎回が同じ内容、同じタイミングであることが、視聴者を惹きつける不思議な魅力になっています。

ここまで徹底して印籠を出すタイミングを同じにすれば、「待ってました！」という反応が起きるでしょう。

一方、もっと短い時間でのコミュニケーションが必要になる広告の場合「ああ、やっぱりそうきたか」というオチに人は絶対に振り向いてくれません。「予想どおりの展開」を避けることが、企画を立てた段階で最初にチェックすべきことです。

たとえば「ふたりの恋人同士が何の事件も起きずに無事に結婚しました」というストーリーを最後まで読んでくれる人はいません。世間にいろんなおもしろい話が存在するなかで、そのような平凡な話に人は振り向かない。

でもそういう話を希望されたとしたら、コピーライターやＣＭプランナーはどのように考えるのでしょうか。

たとえば一番おもしろいところから話を始めたり（カップルがいきなり喧嘩《けんか》して別れるシーンから始めるとか）、極端にしたり（両方の親に反対されたうえに、仕事も失うとか）、いろんな試行錯誤をして、ストーリーを練る。そうすることで受け手の予測ルートから外れることができます。

そこまでできたら、今度はディテールをつめます。

別れのシーンであれば、喧嘩して別れるのか、すれ違いで別れるのか、手紙で別れるのかなどどんどん発想が湧いてくる。複雑でおもしろみのある物語へと展開していくわけです。

以前、『エル・ブリの秘密 世界一予約のとれないレストラン』というドキュメンタリー映画を観たことがあります。

エル・ブリとは、スペインのカタルーニャ州のカラ・モンジョイという風光明媚な入り江を見下ろす場所にあるレストランです。世界最高の料理人と称されるフェラン・アドリア氏が料理長を務め、わずか45席に年間200万件の予約が殺到、宝くじに当たるよりむずかしいと言われたとか。営業は4月〜10月までの半年間で、残りの半年、アドリア氏とシェフたちは新メニューの開発と研究に没頭します。

その料理というのが、見たことのないものばかりなのです。「分子ガストロノミー」と呼ばれていて、たとえば液化チッソを使って瞬間的に凍らせるなど独特な料理法を得意としていました。

見た目はごぼうみたいな棒なのに、かじるとラム酒がにじみ出てくる「モヒートカイピリーニャ」、日本では粉薬を包むために使われるオブラートをラビオリ風にアレンジした「消えるラビオリ」、氷の器をスプーンで割りながら食べる「氷の湖 ミント風味」など、料理というよりは芸術作品か何かのようで、目を見張りました。

そのときに僕は、料理の世界もコピーの世界も同じだなとしみじみ思いました。とにかく、人の想像を裏切る。まず驚かせるというところから入らないと、人は振り向いてくれない。だから常に驚かせつづけないといけないのだと。

エル・ブリは「料理ってこんなもんだよね」という思い込みから決して入らなかった。半年店をオープンし、残りの半年は新しいメニューをあらためて考えなおすというストイックなことを繰り返しながら新しい料理を追究していたのです。

その、「考えなおしてあらゆる角度から検討する」というのが、予想を裏切るための基本かもしれません。

アドリア氏は「自分の料理を見失った」としてミシュランの三ツ星を獲得していたレストランを閉め、料理の研究機関を立ち上げたそうです。革新とは彼のためにあるような言葉だなと思います。

49

めずらしさ基準で考える。

ＣＭプランナーの先輩があるクライアントからこう言われました。

「とにかく誰も見たことのない映像にしたい。その映像の参考資料を持ってきてほしい」

誰も見たことのない映像なのに参考映像をどうやって探すのか、その矛盾にクライアントが気づいていないというわかりやすい話です。

これはたぶん「新しいもの病」に侵されているのです。常に新しいものが一番だと信じて探している。

でも「めずらしい映像がつくりたい。めずらしい映像の参考資料を持ってきてほしい」であれば探すことはできます。

電通のコピーライターといえども、常に新しいアイデアが湧き出るわけではありません。それよりも「めずらしいものをつくる」という姿勢でやっていたほうが、いろんなことがうまくいきます。

たとえば前述の160文字を60文字に減らす「フクチャン」の文章。思いもかけない自分に出会えたのは、新しい表現というものを生み出そうとしていたからではなく、「一日置いての書き直しを（課題は3回ですが）19回やってみる」というやり方自体がめずらしかったからです。

新しいアイデア、斬新な企画、というと、頭を抱え込んでしまうと思いますが、そんなときは考え方や方法、視点をめずらしいものにしてみる。これまでにやったことのない変わったものにトライしてみる。

すると結果的におもしろいものを発見できるのです。

「未来を予測する最良の方法は、未来を発明すること」

1960年代後半にパーソナルコンピューティングというアイデアを提唱した、アラン・ケイの言葉です。

いまつくったものが、未来をつくっていく。新しいものが見つからなくて悩むより、めずらしいものをつくることで、それが結果的に新しいものになる。いまは生活に溶け込んでいるパーソナルコンピュータだって、初期のアイデア段階では、めずらしいという声のほうが多く、それが本当に新しいかどうかなんて誰にもわからなかったのではないでしょうか。

よく言われることですが、無から有は生めません。でもAとBを組み合わせるとCが生まれる、ということはあります。

広告業界の人が必ずと言っていいほど読む、ジェームス・W・ヤングの『アイデアのつくり方』(阪急コミュニケーションズ刊)という本があります。初版は1940年で、現在まで売れ続けている知的発想法のロングセラーです。

これによると「アイデアとは、既存の要素の新しい組み合わせ」なのです。僕はこの本を読んで少しホッとしました。たしかに、ゼロからいきなり新しいアイデアを生み出せたら、誰でも飛びあがるほどうれしいと思います。

でも現実は苦労の連続です。コツコツコツコツ、これとこれを組み合わせたらどうか？　これとあれはどうか？　を、地道に考えることでしか前へ進めないのかなと、いまでは思っています。

50

影の本音を見つめる。見つめる。見つめる。

伝えるためのテクニックを中心にこれまで書いてきましたが、結局のところそれも本質の価値を伝えるための手段でしかありません。一番大事なのは、ものごとの本質は何か、価値は何かをまず発見することです。

その本質をつかむためには、影の本音まで見つめ続けること。

コミュニケーションをするときに相手の考えていることは何か、どうしてほしいのか、どういうところで悩んでいるのか、どういう気持ちで目の前にいるのか。それは、すでに表に出ているとは限りません。本人さえも気づかない、心の奥底の暗闇に隠れた本音に光をあてると、必ず答えは見つけられる。

でも「影の本音を見つめる。」だけで終わったらダメで、「見つめる。」を3回以上しないと、本質は見つけられないのです。

ビジネスのアイデアや企画書も影の本音が重要です。

企画の影の本音、クライアントの影の本音、自分自身の影の本音、現場の影の本音。関わる人たちがどんな気持ちでやればいいのか、どんな気持ちで課題を抱えていて、どんな気持ちになればそれを解決できるのか、そこを潜在意識のレベルまできちんと捉えないと、どんなテクニックを駆使してもやはり薄っぺらくなってしまいます。

これは真面目にやろうとするととてもむずかしい。でもこれを真面目にやっている人が結局は勝つと思うのです。

優れたクリエーティブ・ディレクターもアートディレクターもコピーライターも、自らの内面も含めて、すべての本質を捉えるのがうまい人が評価されていると思います。つまりは徹底的に考えることができる人ということです。

アニメーション監督の宮崎駿さんはあるインタビューでこう答えていました。

「考え抜いていると鼻の奥から血のにおいがしてくる。脳の表面的な意識や表面にあらわれない潜在的な無意識で考えているだけではだめで、脳のもっと奥の暗い部分からしか本当の物語は生まれてこない。血のにおいがするまで考えないと。」

コピーを書いていると、「書けた」と思う瞬間はやってきますが、それがすべてを総合した影の本音ではありません。その場合も最初のステップにすぎない。

だから物理的に距離をとって眺めるとか、一日寝て翌朝見てみるとか、判断基準をいくつか持っておいて、それで本当にいいかどうかを判断します。

自分だけの視点に頼らず、いくつもの視点でものごとを照射することで、ものごとの本質を捉えるわけです。

効率重視の世の中です。

書店には「一日3分、3カ月で英語が喋れます」とか、「一日5分で20キロやせられます」とか、時短や簡便が謳《うた》われる本があふれています。

しかし、あえて言わせていただくなら、時間をかけたらかけただけのものはできます。特に、言葉は時間をかければかけたぶんだけ、磨かれます。
僕はコピーライターのヒエラルキーでいうとまだぺーぺーなので、時間をかけることでしか勝負できない。神さまのごとく活躍しているコピーライターの人に唯一勝てる方法は、ひらすら時間をかけることです。

そうやってできたものが、いつかあなたの心を動かす言葉になると信じて。

おわりに

子どものころ、絵を描くのが好きでした。

よく描いていたのはアニメのキャラクター。でもそのまま描くのではなく、キャラクターのパーツ、たとえばドラえもんなら鼻、お化けのQ太郎なら目、忍者ハットリくんなら口など、個々のパーツを組み合わせて新たなキャラクターを描き、名前までつけていた。

思えば、そのときから自分の手で組み合わせて何かをつくり出すことに強く惹かれていたのかもしれません。


コピーライターになってよかったのは、「僕はこう考えます」ということに対して値段がつくということです。

「この商品の一番よいところはここだと思うし、御社のおっしゃりたいことはこういうことだと思うし、世の中の消費者の人たちはこういうことが言われたいと思う。だからこのコピーにしました」という、自分の考え抜いて書いた言葉がストレートに評価されます。

クリエーティブでは社内評価とともに、世の中の評価というとてつもなく大きなものも自分に直接降りかかってきます。

評価軸がふたつあるのは、厳しいし苦しいことだけれど、同時にストレスフリーで健全でもあります。

コピーライターの先人たちが成し遂げてきた仕事の歴史を振り返ると、広告コピーには、広告を超えるチカラがあると思います。

広告という領域に留まらずに、その言葉が誰かの人生訓になったり、「こういう気持ちでいなきゃな」と背中を押してくれたりすることがあります。

広告はあくまで商品のことを伝える手段ですが、よい言葉だとそこから一歩出たときにも流通する——。

それが広告コピーというものの最大の魅力なのではないか、と僕は日々感じています。

最近こんな言葉を知りました。

日本人にとって文字は水であり米である。

これは小塚明朝、小塚ゴシックという、いま私たちがパソコンで目にするフォントをつくられた書体設計家の小塚昌彦さんの言葉です。

この言葉に倣《なら》うのであれば、

働く人にとって言葉は水であり米である。

と言えるかもしれません。

言葉は私たちのビジネスや日常生活になくてはならないもので、磨けば磨くほど、ビジネスもプライベートもスムーズになります。

しかし、そのためには惜しまぬ努力や時間をかけることも必要です。そのことをお伝えしたく、順序立ててなるべくわかりやすく本書を書いたつもりです。

広告業界用語には「人に刺さる」という言葉があり、僕も含めてよく使いがちなのですが、それはある意味では間違っています。刺さるだと傷つける。それよりは、「人に響く」とか「人の心に触れる」という感覚でこれからも言葉を大切にしたい。そしてみなさんの心に届くコピーを書いていきたいと思っています。

最後になりましたが、本書の誕生を後押ししてくださったみなさまに心よりお礼を申し上げます。この本に書かれている内容のすべては、電通で出会った方々から学ばせていただきました。すでに世の中に伝わり、語りつくされたと思われる内容についても、僕自身の視点でもう一度考え、経験にもとづいて書いたつもりです。どうか未熟さをご容赦いただきたいと思います。

そして、出版プロデューサーの後尾和男さん、実務教育出版の瀬﨑浩志さん、編集協力の堀香織さんには多大なお力添えをいただきました。改めて心よりお礼を申し上げます。ありがとうございました。

2014年8月吉日

渡邉洋介

渡邉洋介（わたなべ　ようすけ）
コピーライター
電通　第4CRプランニング局　所属

1980年長野県生まれ。東京大学大学院新領域創成科学研究科修了。
2007年株式会社電通入社。ECC、東京メトロ、トヨタ、キリン、キヤノン、TBSなどの広告キャンペーンを手がける。おもな受賞歴に、宣伝会議賞シルバー、ACC CM Festival ブロンズ、文化放送ラジオCMコンテスト優秀賞、読売広告大賞協賛社賞、日経BP賞、英国D&AD賞 IN BOOK、ヤング・カンヌファイナリスト、ヤング・ロータスファイナリストなど。

「そのひと言」の見つけ方

2014年 9月30日　初版第1刷発行

著　者　渡邉洋介
発行者　池澤徹也
発行所　株式会社 実務教育出版
〒163-8671　東京都新宿区新宿 1-1-12
電話　03-3355-1812（編集）　03-3355-1951（販売）
振替　00160-0-78270

印刷／精興社　　製本／東京美術紙工

©Yosuke Watanabe 2014　　Printed in Japan
ISBN978-4-7889-1077-5　C0034
本書の無断転載・無断複製（コピー）を禁じます。
乱丁・落丁本は本社にておとりかえいたします。

好評発売中！

クリエイティブの授業

“君がつくるべきもの” をつくれるようになるために

オースティン・クレオン／著

千葉敏生 訳

本体 1300 円＋税　Ａ５変型判

[ISBN978-4-7889-0805-5]

クリエイティブな人生を送るためのヒント集。何かをつくったり生み出したりしたいすべての方向け。正方形でビジュアル要素も満載！　ニューヨークタイムズ・ベストセラー

実務教育出版の本